ENGRANDECERÉ AL SEÑOR

(MAGNIFICARÉ)

Alcanzando la virtud como un genio femenino

Kaylene Brown

Traducción Mária Cabrera

Artista de la portada Maddie Torres

ISBN: 9798354200177

Bajo el patronaje de todas las santas genios femeninas de la iglesia triunfante.

Mag90.com

La traductora María Cabrera vive en el sur de California con sus dos hijas. María es una Intérprete/Traductora profesional desde hace 10 años. No oficialmente, desde su niñez, ha asistido a su familia y a quien lo necesitara. Aunque su especialidad es en el área de salud médica, se desempeña igualmente en otras áreas como en su iglesia, comunidad, y familia. Su contacto es: mcspanishinterpreting @gmail.com.

∞∞∞∞

La creadora Kaylene Brown fue bautizada en la fe Católica cuando era un bebé, y su relación con Jesús ha ido más allá de los que estas palabras podrían hacer justicia. Su trayectoria sigue desarrollándose de forma providencialmente bella, aunque a menudo difícil. Está casada con Justin, un ingeniero con mucho amor y desinterés. Su vocación a la vida matrimonial es su camino al cielo y actualmente tiene 4 hijos. Kaylene los educa escolarmente en casa y dirige el apostolado Magnificar desde Kansas USA.

∞∞∞∞

La artista de la portada Maddie Torres vive en Carolina del Norte con su esposo Daniel. El es un ministro en una preparatoria católica y ella es la cabeza, artista y distribuidora de MrsTorresCreates. La especialidad de Maddie es en pinturas de santos en acuarela pero también ofrece calcomanías y pinturas personalizadas. Su local está siempre expandiéndose y creciendo. ¡Su arte es una presentación visual de lo que se le revela en oración cuando hace sus creaciones! Sus contactos son, www.mrstorrescreates.com y en Instagram @ mrstorrescreates.

∞∞∞∞

CIC: Para el propósito de este libro, CIC se refiere al libro de Catecismo de la Iglesia Católica.

Las citas escritas y sus referencias son usadas bajo el permiso de uso justo. Las citas dichas por los diferentes santos fueron traducidas literalmente como fueron escritas. Esto es guiándonos por las reglas impuestas por la Arquidiócesis tenga sentido o no al leerse en Español.

Introducción

Las mujeres son el hilo que une a la sociedad. Nosotras fomentamos vida y la nutrimos en los demás, pero cuando nuestra fe es débil y nuestras acciones egoístas, la Iglesia y el mundo sufren. Tenemos el poder de reflejar el amor de Dios hacia los demás. Nuestro genio femenino se describe como receptivo, sensitivo, generoso y maternal. El Papa St. Juan Pablo II escribió largamente sobre este tema en *Mulieris Dignitatem*.

> **La mujer es fuerte por la conciencia de esta entrega, es fuerte por el hecho de que Dios «le confía el hombre», siempre y en cualquier caso, incluso en las condiciones de discriminación social en la que pueda encontrarse. Esta conciencia y esta vocación fundamental hablan a la mujer de la dignidad que recibe de parte de Dios mismo, y todo ello la hace «fuerte» y la reafirma en su vocación. De este modo, la «mujer perfecta» (cf. Prov. 31, 10) se convierte en un apoyo insustituible y en una fuente de fuerza espiritual para los demás, que perciben la gran energía de su espíritu... En este sentido, sobre todo en el momento presente, espera la manifestación de aquel «genio» de la mujer, que asegure en toda circunstancia la sensibilidad por el hombre, por el hecho de que es ser humano. Y porque «la mayor es la caridad» (1 Cor 13, 13). – 30 MD**

Primero tenemos que amar a Dios, porque es de Él que recibimos la fuerza necesaria para preocuparnos de toda la humanidad. El mayor ejemplo de amor es Cristo en la cruz—su amoroso sacrificio abrió la inundación de misericordia para nuestra redención. Todos somos llamados a seguir este ejemplo; a desear el bien de los demás aun cuando nos incomode bajo el estándar del mundo, a lo mejor hasta sufrimos. ¡La palabra pasión realmente significa sufrimiento; así que nos damos cuenta que el verdadero amor es difícil, pero sepan que no estamos solas! Somos capaces de experimentar amor desinteresado en el Santísimo Sacramento. No solamente debemos amar a Dios, pero debemos dejarnos amar por Dios.

Su Verdadera Presencia en la Eucaristía es la fuente y cumbre de una vida en gracia. A través de nuestra receptividad, consumimos al Señor y obtenemos fuerza. Somos sensibles a Su voz en nuestras almas; escuchamos Su llamado en oración. ¿Lo podemos ver en todo lo que hacemos? A través de nuestro genio femenino de generosidad, compartimos nuestros recursos materiales y experiencias espirituales. ¿Cómo encontramos a Dios en el silencio, en el quebrantamiento, en el vacío de otros y en nuestra relación con ellos? ¿Podemos encontrar alegría en el amor que compartimos, a pesar de nuestros sufrimientos? El cuarto componente del genio femenino, maternal es uno de los que se alínea más perfectamente con el Magníficat de María y con nuestra meta de magnificar al Señor. Su alma magnificó al Señor ya que ella era libre de literalmente dar a luz a Cristo. Como mujeres que nos esforzamos en vivir de lleno nuestro genio femenino, ¿cómo nosotras - digamos -damos a luz a Cristo para otros? ¿Lo magnificamos a través de nuestro regalo espiritual de la maternidad?

Si deseamos magnificar al Señor, siguiendo el ejemplo de María, la Madre de Dios, trabajamos completa e ilimitadamente en una relación con Dios. Parte de esa relación es un regalo gratis de gracia y misericordia de Dios, pero la otra parte es nuestra propia práctica de las virtudes. Tomamos el mejor mandamiento de amar a Dios sobre todas las cosas, y amar al prójimo como a una misma. El deseo de ser Santas exige que formemos relaciones con personas en lugar de cosas, logros y amor propio. Quizás debemos dejar nuestra propia idea de lo que es la santidad y sólo ver la voluntad perfecta de Dios por nosotras, Sus hijas.

Simplemente no podemos magnificar al Señor sin ser en cierta manera una mártir. En algunas partes del mundo, Hay gente físicamente muriendo en el nombre de Cristo; no importa donde vivamos, Dios nos pide que muramos a nuestra ambición egoísta y a nuestros deseos. Él nos invita a que sigamos Su ejemplo de la cruz como la imagen fundamental de amor. El significado de magnificar al Señor será tan único para cada una de nosotras como nuestra propia alma. Las meditaciones de Engrandecer Al Señor nos ayudarán a rezar, a discernir y después a vivir de la manera específica a la que Dios nos llama para infundir en nuestro círculo de influencia.

Debemos preocuparnos por nuestra vida interior. Profundizamos nuestra espiritualidad creciendo en virtud para poder reconocer la gracia de Dios al moverse en nuestras almas. Entonces podemos magnificar Su Verdad, Bondad y Belleza.

No es fácil vivir una vida radical y auténticamente Cristiana. ¿Cómo podemos evitar comprometer la Verdad en una época donde "la tolerancia" parece ser el relativismo y menosprecio por la verdad moral? ¿Cómo invitamos a otros a una vida de amor genuino cuando ni siquiera ellos saben que eso es lo que quieren, porque el amor parece significar "Haz lo que te hace feliz"?

Y les dijo: Vayan por todo el mundo y anuncien la Buena Nueva a toda la creación (Marcos 16:15). ¿Estamos dispuestas a "morir" por amor a Dios? ¿Él está creciendo mientras nosotras disminuimos?

¿Nuestras almas proclaman Su grandeza por la forma como vivimos nuestras vidas?

¿Cómo nos separamos de la cultura del mundo para poder sentir verdadera libertad como discípulas de Jesús? Es una tarea muy abrumadora, especialmente en el consumismo global de la sociedad de hoy. ¡Nuestros cuerpos encarnados son creados para sentir a Dios a través de nuestros sentidos, y todo lo que Dios hizo es bueno! Aun así, hemos hecho un ídolo de las cosas del mundo y de sus comodidades, no como el medio para acercarnos a la Bondad máxima de Dios. Nuestro "consumismo" nos aparta de nuestra identidad como hijas de Dios y nos distrae tanto que dejamos de esforzarnos por la grandeza y nos conformamos con la satisfacción. Le tememos a la verdadera intimidad por heridas pasadas o por barreras interiores que hemos creado por las decepciones causadas por los que están alrededor nuestro. Se nos hace tan difícil dejar que Dios nos ame, porque no podemos ver un ejemplo visible de un amor perfecto. Tenemos que dejar nuestra propia forma de ser y rendirnos ante Él.

Somos tentadas por la aprobación humana y el deseo de atención; por la seguridad y comodidad que se encuentra en las casas, ropa, salud y comidas; por la belleza o la vanidad física; por nuestra lista de tareas de productividad en mantener una casa, carrera, o las dos cosas. También podemos ser tentadas por la desesperación, ansiedad, y adicciones a cosas que llenan nuestros cuerpos o mentes, dejando nuestras almas vacías. La completa experiencia de *Magnificaré 90* contiene mortificaciones para sacar estas aflicciones a la superficie y después encontrarse con ellas cara a cara dejando ir a las expectativas tan fuertes que tenemos.

Este libro puede ser leído sin ningún cambio adicional a su vida, aunque, es difícil crecer en santidad si nada cambia en nuestras vidas. El Catecismo de la Iglesia Católica nos recuerda que nosotras, como toda creación, estamos constantemente en un caminar. La decisión del camino hacia el desierto del ascetismo es una por la que hay que orar. La iniciación de nuestro deseo por el amor perfecto, el Espíritu Santo, guiará nuestro criterio en las áreas de ascetismo. Podemos confiar en Dios. Su amor bueno y perfecto engancha nuestra alma y la meditación que le sigue nos atraerá más profundamente a Su voluntad por nuestras vidas. ¡Aunque empecemos pasito a pasito, hay que empezar! Y debemos continuar.

Muchas de nuestras vidas han pasado por un ciclo de intercambiar un vicio por otro. Dejando algo sólo para remplazarlo con cualquier otra distracción. Teniendo excusas de por qué no tenemos suficiente tiempo para rezar o servir a otros. Hemos minimizado nuestro llamado bautismal a la santidad mezclándonos con la cultura de los tibios. Conformándonos con vivir una vida menos apropiada a la santidad, a menudo por miedo. Tenemos miedo de perdernos de algo mundano o un evento. Tenemos miedo a ser juzgadas por los demás y por nosotras mismas. Tenemos miedo a la intimidad—miedo a que los demás nos vean quebrantadas, heridas. ¡Qué tan seguido tratamos de escondernos de Dios y de nosotras mismas!

Así, a pesar de que pensemos que no necesitamos y definitivamente no queremos, debemos dejar muchos de lo que nuestros sentidos nos dice que nos satisfacerán. Así como vayamos meditando en las virtudes y cómo nos atraen más profundamente en el misterio de nuestro propio genio femenino, Dios puede transformar nuestras heridas, incluyendo nuestros miedos, cuando rompemos todos los muros y dejamos que nuestras ataduras y vicios se vayan. Dejemos caer la barrera y abramos nuestras almas a la integridad que viene de la confianza en el amor y la Providencia del Padre. Para crecer en virtud, nunca podemos dejar de apoyarnos en Dios.

Además de rezar a diario; alabar, venerar y a Dios y gozosamente experimentar una vida con menos ataduras; "Magnificaré 90" involucra cultivar relaciones intencionales con los que están a nuestro alrededor porque las virtudes naturalmente fluyen de nuestra alma a nuestras vidas activas. Nosotras construimos el Reino de Dios escuchando más que hablando, viéndonos cara a cara y conociendo a los demás (en lugar de quedarnos mirando la pantalla) y ofreciendo oraciones y pequeños sacrificios por las personas que apenas conocemos. En lugar de enfocarnos en nosotras mismas y en lo que estamos renunciando, nos enfocamos en lo que somos libres de hacer y ser.

VIVIR ENGRANDECIENDO AL SEÑOR EN LA PROFESIÓN/ VIDA PROFESIONAL

¿Cómo podemos invitar más al Señor en el ámbito del mundo-de-trabajo?

Dándole prioridad al éxito en la carrera sobre nuestro llamado a la santidad puede fácilmente consumirnos si tratamos de oprimir nuestro genio natural femenino. La cultura que se enfoca en el orgullo personal e historias de "como yo lo logré por mí misma" necesitan lo que son las mujeres Católicas profesionales: almas que elevan a todos a su alrededor a una misión mas alta. ¿Qué es lo que buscan los que están a nuestro alrededor en el fondo de su ser? ¿Cuál es la raíz de lo que ellos anhelan? ¿Cómo podemos ayudar a los que están a nuestro alrededor a que vean a Dios y apoyarlos para que estén más al pendiente de su vida interior? Nosotras también debemos estar más al pendiente de cómo Dios trabaja a través de la gente y de circunstancias en nuestro trabajo para entenderlo a Él más profundamente.

Considera empezar un estudio de la biblia temprano en la mañana o a la hora del almuerzo con tus compañeros de trabajo en el trabajo o afuera, invita a un posible nuevo amigo a almorzar en vez del mismo grupo de siempre, ofrece escuchar a un compañero que está batallando en lugar de sólo intercambiar comentarios amables, encuentra algo en común con gente que puede ser un reto, ora por la paz con alguien que causa heridas. Invita a cenar a compañeros que son Católicos que no profesan para construir una amistad y que sean testigos del gozo que hay en Cristo, utiliza un artículo religioso discretamente en una oficina o cubículo —tal como poner una biblia en un librero—para mantener las puertas abiertas a una conversación de fe.

VIVIR ENGRANDECIENDO AL SEÑOR EN UNA VIDA SIN PAGO

¿Cómo podemos invitar al Señor en el trabajo que hacemos en nuestras casas?

Pareciera que no hay gloria estando en las trincheras de la vida como estudiante, o criando un niño y los quehaceres domésticos, cuidando a los padres de edad avanzada, o de cualquier cosa que sea trabajo sin paga; entonces queremos que los demás lo reconozcan y sentir orgullo de nosotras mismas de algo. Podemos tener la tentación de buscar nuestro valor en nuestro cuerpo y en los resultados materiales. La sociedad nos dice que el cuidado personal es comer comidas perfectamente planeadas que son dignas de su imagen, ejercitar todos los días y llegar a ser la mejor en la cancha, o una noche para las damas de vino - y - quejas o una pedicura o masaje. Esto nos hace sentirnos refrescadas de cierta manera, pero si esas cosas (u otras opciones similares) es todo lo que hay para nosotras en referencia a metas de fin de semana y entretenimiento, no estamos buscando libertad. Nuestro "cuidado personal" sólo nos está esclavizando a más cosas, logros, o comodidades.

No hay nada de malo con vacaciones lujosas y ejercitar todos los días; pero si le damos prioridad a esas cosas y no podemos encontrar tiempo para un Rosario, una misa diaria, y/o meditación diaria; quizás entonces nuestras prioridades no están bien alineadas. No obstante, esto no se trata de cumplir con una lista y marcarlas como hechas, sino de ordenar nuestros días para vivir como si Dios es nuestra prioridad y todo lo demás son sólo detalles. Es reconocer nuestro profundo deseo de esa conexión con el Único que nos ama más de lo que nos amamos a nosotras mismas. El hecho es, que haciendo tiempo para orar y tiempo en silencio—tiempo para nuestra vida interior—es el cuidado a uno mismo que Dios nos pide que hagamos. No podemos amar a los demás de la forma en que Cristo nos lo ha pedido sin Su ayuda. Buscar una relación con Dios es el mejor cuidado a uno mismo que nos podemos dar; es el cuidado del alma. Y cuando realmente invertimos en eso, el verdadero gozo se convierte en realidad y no en algo que solamente algunas veces robamos pedacitos aquí y allá.

Considera empezar la noche de salida con parejas o amigas con adoración al Sagrado Sacramento o confesión. Invita a tus amigas a tu casa con sus pequeños saltarines para socializar, hacer hermandad y rezar juntos en medio del caos. Pídeles a otras parejas que empiecen un grupo pequeño de estudio de la Biblia. Preocúpate por el vecino que vive una vida completamente diferente a la tuya, compartiendo una comida o té y preguntándole como puedes orar por él. Encuentra un grupo en tu área que no solamente les da a los pobres, sino que es solidario con ellos, comiendo juntos y formando amistades. Quédate después de misa para platicar con quien esté alrededor. Deja de quitar el polvo a las 3 p.m. exacto y reza la coronilla de la Divina Misericordia. Cuelga imágenes de santos en tu casa. Enciende velas cuando reces un Rosario familiar. Ve a un café y reza por cada persona que está allí mientras disfrutas de tu café.

Haz la siguiente cosa correcta, empieza de a pocos, reza para ser guiada. Pídele a Dios que te quite el deseo de autorrealización y respeto humano. En cuanto tengamos nuestra identidad descansando sólo en Dios, nuestra misión se hace más fácil y nos damos cuenta de que: todas somos llamadas a ser Santas. Como genios femeninos, cambiamos nuestro enfoque de qué es lo que quiero, qué es lo que estoy obteniendo, a hacer lo que Dios quiere.

Vale la pena notar que inevitablemente vamos a recaer, pero es una decisión diaria de empezar renovadas por Su Misericordia. Que en este caminar nos acerquemos más a Dios; *Estoy seguro de que Dios, que empezó a trabajar en ustedes, seguirá perfeccionándolos hasta el día de Cristo Jesús.* (Filipenses 1:6 NRSV-CE) Hermanas, estoy deseando ver la luz de Cristo reflejada en cada una de ustedes—Sé que el mundo se va a encender con amor.

Se sugiere platicar con un director espiritual, un padre, o guía/mentor, pero definitivamente orar ante el Sagrado Sacramento es la mejor manera de discernir lo que Dios te está pidiendo que tomes o dejes.

Los Domingos y Solemnidades pueden ser menores en la abnegación. Si hay un evento mayor o una celebración Sacramental durante los 90 días, discierne en oración si Dios te está pidiendo que tomes un breve respiro o una pequeña asignación de tu mortificación planeada para estar en unión celebrando con los demás. Alabar a Dios es más grande que cualquier sacrificio que podamos ofrecer.

- † Orar/rezar diariamente por lo menos 30+ minutos, incluyendo:
    - El Magníficat de María (Lucas 1:46-55)
    - Letanía de Humildad (ver el final de este libro) alternada con Letanía de Confianza (ver, https://sistersoflife.org/wp-content/uploads/2019/05/Mobile-Spanish-Litany-of-Trust.pdf)
    - Rosario: misterios, escrituras, o meditativo
- † Los sacramentos frecuentemente: confesión mensualmente, misa a diario, lo mejor que el estado de vida lo permita.
- † Horario semanal de adoración, si no existe adoración perpetua en su área, oración antes el sagrario.
- † Solo Escuchar música que anime, Cristiana y clásica / Los podcasts deben ser solo aquellos que te desafían a una mayor virtud; si tienes duda, escoge el silencio.
- † No ver televisión/videos excepto programas religiosos en moderación (tales como formed.org)
- † Identificar a una persona diariamente para ofrecer tu mortificación y orar por esta persona por nombre.
- † Esforzarte para ponerte en contacto con la gente que venga a tu mente a la hora de orar, Dios los trajo a tu mente por alguna razón.
- † Salir intencionalmente a caminar con tu amiga o esposo—Jesús siempre camina con los demás.

- † No debes pesarte. (A menos que sea requerido por el doctor) Cuando nos pesamos, sin necesidad médica, estamos encadenándonos de nuevo a las ataduras de este mundo. Puede que también haya la tentación de ver a *Magnificaré 90* como una forma rápida de perder peso...claro que ésta no debería ser nuestra motivación, pero puede ser visto como algo bueno. ¡Esto no es lo que queremos que nos tiente en la mente! Apártense de la balanza.
- † No consuman dulces ni alcohol, ni pruebes bocadillos entre comidas
- † No participar en ninguna red social (percibir si es necesario para su trabajo o a un nivel profesional)
- † Evita comprar cosas innecesarias, aténgase al mandado y artículos de aseo, nada de artículos del hogar/zapatos/ropa/etc. que no sean absolutamente necesarios; básicamente no compras innecesarias (si estás casada, platíquelo con tu esposo para su consentimiento) porque si cortas los medios de entretenimiento y espectáculos pueden estar tentadas a ver las compras en línea como una distracción de los rezos y la vida real.
- † Los Viernes son los días de abstinencia/ayuno de carne (2 comidas más reducidas).
- † No uso de maquillaje los Miércoles + Viernes, días tradicionales para ayuno, apariencia simple los demás días: accesorios/maquillaje mínimo – un paso para recuperar la cultura Cristiana. En el fondo de nuestro corazón, la mayoría de nosotras admitiremos que lo usamos porque sentimos que nuestras caras sin él no son suficiente, porque queremos que a las personas les agrade cómo nos vemos, o simplemente porque las demás lo hacen—y si no lo hacemos vamos a vernos como "menos" y resaltar. Pero en este desierto se trata de despojarnos de las cosas para que la fe en Dios sea la que nos sostenga. Sí, puede parecer difícil y dar miedo—así que vamos a ver la apariencia de las Santas y las hermanas religiosas como un ejemplo de que el gozo Cristiano sea el "maquillaje" que nosotras usamos. El maquillaje no es necesario para la feminidad. Por supuesto que pueden optar por evitar el maquillaje por completo.

Maternidad "Magnificaré 90"

La *Maternidad Magnificaré 90* permitirá a las madres prenatales y postnatales la práctica de mortificación dentro de su estado en la vida, mientras se acercan más a María, la Madre de Dios mientras buscan magnificar al Señor.

> **Aunque los dos juntos son padres de su niño, la maternidad de la mujer constituye a una "parte" especial de este ser padres en común, así como la parte más calificada. La paternidad – aunque pertenece a los dos – es una realidad más profunda en la mujer, especialmente en el periodo prenatal. La mujer es la que "paga" directamente por este común engendrar que absorbe literalmente la energía de su cuerpo y alma. Por consiguiente es necesario que el hombre sea plenamente consciente que en este ser padres en común, él contrae una deuda especial con la mujer.**
> **– Papa San Juan Pablo II (Mulieris Dignitatem, 18)**

Las seguidoras de *Maternidad Magnificaré 90* siguen el mismo programa de *Magnificaré 90* con las siguientes modificaciones:

- † Quitar las restricciones a los bocadillos/picotear. En lugar de eso no agregar cremas, miel, etc. a sus bebidas mientras dure el programa.
- † ¡La abstinencia/ayuno de no carne los Viernes sigue en pie, pero no limita a los bocadillos/picoteo o el tamaño/frecuencia de las comidas para nada! Comer hasta saciarse mientras siguen en abstinencia/ayuno de carne. La proteína ciertamente se puede obtener de las nueces, frijoles, huevos, etc...por ese día. Lo sugerido para la mortificación de los Viernes en la *Maternidad Magnificaré 90* es no radio/música/programación (ni siquiera religioso).

Para las futuras mamás participantes sufriendo de "insomnio," en vez de buscar en la internet, hagan tiempo extra de oración e incluyan una sección de diario para escribir oraciones/pensamientos para el bebé que viene en camino y hasta para el papá—esto va a ser con certeza un tiempo atesorado para que Dios hable vida más allá del agotamiento.

† Obtenga un cuaderno y cada noche que se le dificulte dormir, escríbale cartas al bebé—como conoció a su papá, historias de su propia niñez, cómo fue que conoció a Jesús, que inspiró el nombre del bebé, que espera y sueña para el bebé... ¡Cosas que vienen a la mente pueden convertirse en parte de su oración diaria para el día siguiente! ¡Reflexione en la gratitud! *** No obsesionarse sobre las cosas del internet o viendo las redes sociales pueden inclusive mejorar su humor.

¡El requisito para las participantes postnatales es rezar la oración de San Miguel (Michael) cada vez que el bebé la despierte y ofreciendo el sacrificio del sueño por una intención; quizás hasta por aquellos que no tienen quien rece por ellos!

Aunque la vida sea atareada y agitada siendo una mamá prenatal/postnatal, esfuércese aún por rezar un rosario diario, especialmente traten de hacerlo con sus niños, o para sus niños, si son muy pequeños. Muchas más gracias de las que se imaginan vienen de esta devoción. ¡Puede parecer externamente irreverente con niños agitados, pero su reverencia interna es la clave! Mantenga la calma, aunque a veces tenga que corregir el comportamiento de los niños.

Busque consejo médico sólo de un doctor, siga su cuidado siguiendo las recomendaciones de parte de su médico durante su embarazo y tiempo postnatal, las mortificaciones de *Maternidad Magnificaré 90* nunca deben de arriesgar la salud de la madre y el bebé

Humildad

DÍA UNO: Estamos invitadas a acercarnos al ejemplo de abnegación de Cristo para así crecer en santidad. Nuestras almas, impulsadas por el Espíritu Santo, nos llevan a este caminar del desierto-en-medio-del-mundo para encontrar paz y alegría.

> Catecismo de la Iglesia Católica (CIC) § 2015: "El camino de la perfección pasa por la cruz. No hay santidad sin renuncia y sin combate espiritual (ver 2 Tm 4). El progreso espiritual implica la ascesis y la mortificación que conducen gradualmente a vivir en la paz y el gozo de las bienaventuranzas: «El que asciende no termina nunca de subir; y va paso a paso; no se alcanza nunca el final de lo que es siempre susceptible de perfección. El deseo de quien asciende no se detiene nunca en lo que ya le es conocido (San Gregorio de Nisa, In Canticum homilía 8)».

Llevadas por el éxito humano a través del individualismo, nos encontramos escondiéndonos detrás de una falsa idea de libertad. El diablo es muy astuto para tentar a aquellos que buscan la santidad apartándonos de la fuente de la Verdad y toda Bondad. El orgullo se introduce en nuestras vidas, a menudo cuando ni siquiera lo notamos. Queremos hacer lo que queremos hacer, cuando lo queremos hacer; en lugar de esforzarnos por liberarnos del pecado y las ataduras. Nos convencemos sutilmente de que es mejor evitar llevar la cruz de sufrimiento y mortificación. El orgullo de querernos a nosotras mismas nos dice que la verdad no se puede definir y que más vale que confiemos en nosotras mismas.

Nuestro presunto orgullo nos convence de hacer una lista de cosas por hacer a la que podamos ir marcando como hechas y *saber* sin duda alguna que nos iremos al cielo cuando muramos. Nos comparamos con otros y nos consideramos "buenas personas". El orgullo nos convence de que nos podemos ganar el cielo. Sin embargo, endurecemos nuestros corazones a las cruces que Dios usa para acercarnos a Él. Queremos cultivar nuestros propios parámetros para ser "Cristianos", en lugar de sumergirnos en las heridas de Cristo donde lo único que queda es el sacrificio de amor.

Quizás, por otro lado, luchamos con orgullo inverso; negándonos a reconocer que somos amadas por Dios. Descartamos los regalos que Dios nos da cada día y en lugar de eso, moramos en lugares de miedo, preocupación, ansiedad y aislamiento. Caemos en una profunda depresión, considerando que no somos dignas de amor auténtico. Nos confiamos en un mecanismo de afrontación: vino, comida, habladurías, ver televisión de forma compulsiva, obsesión con la figura/vanidad, buscar la aceptación de los demás, etc... cualquier cosa que adormezca el dolor de sentirse vacío.

¡Esto en realidad es ser orgullosa también; el pensar que sabemos más que Dios, que nos formó a Su semejanza!

La humildad Cristiana no es auto desprecio; es reconocer que no somos dioses. La humildad nos da la forma correcta para poner en orden las relaciones con nuestro Dios Trinitario. Reconocemos nuestra necesidad de la gracia de Dios y permitimos que se impregne en nuestros corazones abiertos— no cerrados por ambiciones egoístas o bloqueadas por el consumo mundano. La humildad se encuentra confiando en Dios en lugar de buscar la seguridad mundana.

Cada una de nosotras trae deseos únicos en este caminar, pero nuestra meta es la misma: Ser las santas que Dios nos creó para ser. Para ir a la batalla espiritual contra nuestras ataduras—materiales o mentales—debemos deshacernos de nuestro propio orgullo y renunciar a nuestros vicios. La humildad nos permite admitir que necesitamos ayuda. Necesitamos la gracia de los Sacramentos, necesitamos tiempo leyendo la Biblia y necesitamos fomentar relaciones intencionales que no estén construidas en torno a las apariencias, medios de comunicación o chismes. Siendo la humildad nuestro punto de partida, empezamos a remover la cultura que nos anima a suprimir el anhelo de Dios llenando nuestras vidas con cualquier cosa que no sea Dios.

Reflexión: Tómate tu tiempo para evaluar honestamente áreas específicas de orgullo (y del orgullo inverso) en tu vida. ¿Cómo afecta tu habilidad de estar dispuesta al crecimiento espiritual? ¿Cómo puedes invitar mejor a Cristo para que sea Él quien te satisfaga? ¿En qué área lo estás invitando a confiar más en Él?

DÍA DOS: Comprometerse con el ascetismo y una vida más profunda de oración es muy contra cultural; y sólo por la gracia de Dios es que podemos unir nuestra voluntad y fuerza con la de Él. Sta. Gemma Galgani tuvo éxtasis de conversaciones con Jesús sobre el sufrimiento, el amor y la cruz. Ella es un ejemplo de genio femenino de humildad.

> "Esperaba oh Jesús, que tantas veces que me he confesado ante tí, ser autosuficiente en algo; esperaba en mi propia fuerza...pero cuando empecé a actuar por mí misma, fue allí cuando caí y perdí todo lo que me habías permitido ganar. Pero pronto después, oh Jesús, tú me iluminaste y después entendí que en lo que yo pensaba que podría ser autosuficiente fue exactamente lo que yo nunca hubiese podido hacer por mí misma. ¡Tuve la fuerza pero me faltó la voluntad;... Ante ti, no tengo absolutamente nada de que presumir!" – Sta. Gemma Galgani (Rudolph M. Bell, Santa Gemma Galgani, Cristina Mazzoni. *Las Voces de Gemma Galgani: La vida y el mas allá de una Santa Moderna* (2003) Imprenta de la Universidad de Chicago)
>
> Humíllense, pues, bajo la poderosa mano de Dios, para que los levante a su tiempo. Depositen en él todas sus preocupaciones, pues él cuida de ustedes. Sean sobrios y estén despiertos, porque su enemigo, el diablo, ronda como león rugiente, buscando a quien devorar. Resístanle firmes en la fe, sabiendo que nuestros hermanos dispersos por todo el mundo enfrentan semejantes persecuciones. Dios, de quien proviene toda gracia, los ha llamado a compartir con Cristo su eterna gloria, y después de que sufran un poco los hará perfectos, firmes y fuertes hasta que estén seguros. – 1 de Pedro 5: 6-10

La tentación de sentir orgullo fácilmente puede echar a perder los resultados que el verdadero pretende darnos: una relación más profunda con Dios. ¡No podemos permitir que *Magnificaré 90* sea un esfuerzo enorgullecedor—debe recordarnos cuánto más tenemos que seguir en nuestro caminar e inspirarnos a seguir adelante! Magnificar al Señor es sólo posible cuando somos sumisos como nuestra Madre Bendita, María. Ella fue concebida sin pecado y humildemente alineó su voluntad con la de Dios, aceptando las penas como parte de su Fiat, sabiendo que Él sería su fuerza. Entonces, nosotras-deberíamos, como pecadoras, fomentar la humildad aceptando las cruces en nuestras vidas.

La santidad nunca es obtenida por nuestros propios medios, así es que reconociendo que todas las cosas buenas vienen de Dios podemos mantener nuestro orgullo bajo control. *Magnificaré 90* no es con la intención de ser una muestra pública de mortificación. De hecho, debemos discernir con quién hablar sobre esto, para que así no causemos que nosotras ~~o~~ u otras caigamos en más pecado. No estamos haciendo esto para un reconocimiento humano, pero si empezamos a vivir una vida más alegre; vidas más simples y en paz, habrán oportunidades para compartir la causa de nuestra alegría—la libertad encontrada en vivir para el Señor!

Hermanas, mientras nos esforzamos por estar más cerca de Él, el diablo va a tratar de descarrilarnos. Si vemos a la tentación como una oportunidad de apoyarnos aún más profundamente en el Señor, nuestra humildad crece. Sabemos que Dios nunca nos abandona, así nos podemos mantener cerca del Él en oración. Confiando que Su gran gloria siempre triunfará.

Reflexión: ¿Cuándo has tenido la fuerza de hacer algo, pero no la fuerza de voluntad, o la voluntad, pero no la fuerza? ¿Has pensado que puedes hacer algo, sin llevarlo realmente a la oración, para más tarde darte cuenta de que fue Dios todo el tiempo? ¿Cómo estando cerca de Jesús, dándole todas tus preocupaciones a Dios, te hace capaz de resistir la tentación de ser autosuficiente?

DÍA TRES: Levantar nuestras cruces para seguir a Cristo a diario es necesario para vivir una vida Cristiana plenamente. La cruz es nuestra lupa para la humildad y amor.

> CIC 618: La Cruz es el único sacrificio de Cristo "único mediador entre Dios y los hombres" (1 Tm 2:5). Pero, porque en su Persona divina encarnada, "se ha unido en cierto modo con todo hombre" (Gaudium et Spes 22, 2) Él "ofrece a todos la posibilidad de que, en la forma de Dios sólo conocida [...] se asocien a este misterio pascual" (GS 22, 5). Él llama a sus discípulos a "tomar su cruz y a seguirle" (Mt 16, 24) porque Él "sufrió por nosotros dejándonos ejemplo para que sigamos sus huellas" (1 P 2, 21). Él quiere, en efecto, asociar a su sacrificio redentor a aquellos mismos que son sus primeros beneficiarios (cf. Mc 10, 39; Jn 21, 18-19; Col 1, 24). Eso lo realiza en forma excelsa en su Madre, asociada más íntimamente que nadie al misterio de su sufrimiento redentor (cf. Lc 2, 35): "Esta es la única verdadera escalera del paraíso, fuera de la Cruz no hay otra por donde subir al cielo (Santa Rosa de Lima, cf. P. Hansen, Vita mirabilis, Lovaina, 1668)"

Durante *Magnificaré 90* escogemos abstenernos de ciertas comodidades, tales como maquillaje, picotear/bocadillos, postres y compras innecesarias. Hacemos esto para desprendernos de cosas que se interponen en nuestra vida de oración; cosas que causan distracciones para así estar unidas solamente a Dios. No son necesariamente malas; solo que no nos animan a confiar completamente en una relación con Dios. Si no podemos dejar esas cosas por unos pocos meses, quizás estamos más atadas a ellas de lo que queremos creer. Todos los dones de Dios deben tener un orden. Negando nuestros deseos de comodidades durante los siguientes meses nos ayudará a ver más claramente la voluntad de Dios en nuestras vidas.

Estas pequeñas mortificaciones voluntarias son formas de fortalecer nuestra capacidad para cargar las cruces que involuntariamente se presenten en nuestro camino. Cuando practicamos la virtud en pequeñas cosas—tales como desprendernos de la belleza física o una bebida nocturna—estamos más conscientes de nuestra necesidad de la gracia de Dios para que nos guíe a través de las dificultades físicas, emocionales o espirituales que no queremos y no podemos cambiar.

Practicamos humildad cada vez que queremos ver un programa de televisión de mala calidad pero nos damos cuenta de que lo que verdaderamente deseamos es una conexión humana, así es que llamamos a un ser querido o invitamos a amigas para conversar. Nuestra humildad crece cada vez que queremos distraernos picoteando chocolate, pero en vez de eso optamos por orar. Apartarnos de las redes sociales nos mantiene humilde porque no somos tentadas a comparar nuestras vidas con la de los demás y tenemos menos tentación para habladurías, reconociendo que Jesús quiere que estemos presente con los que están a nuestro alrededor en la vida real.

Humildad es buscar la bondad de Dios en los demás, sabiendo que también llevan un anhelo. Podemos magnificar a Dios ante ellos ofreciéndoles solidaridad, oraciones y amistad. Mientras nos esforzamos en pensar en las necesidades de los demás más que en las nuestras, nos vamos a dar cuenta que estamos amando como Cristo ama. Nos estamos uniendo a Él en el sufrimiento como co-redentores. Vivimos como conductos para que el amor de Cristo se impregne en el mundo.

Reflexión: ¿Cómo es que las mortificaciones diarias ayudan a fortalecer tu relación con Dios? ¿Cómo es que la humildad te ayuda a evitar ver al ascetismo como algo en lo que "uno es bueno en eso"? ¿Qué conexiones específicas ves en tu propia vida entre el sufrimiento, la humildad y la confianza?

DÍA CUATRO: La forma en que aceptamos nuestras cruces da esperanza a los demás, nos ayuda a vivir alegremente; pero lo más importante es que nos ayuda a unirnos a Cristo.

> "Hija mía, si la Cruz no se sintiera, no se le llamaría una Cruz. Ten seguridad que si te paras debajo de la Cruz nunca te perderás. El Diablo no tiene poder sobre esas almas que lloran cerca de la Cruz. Hija mía, cuántos me habrían abandonado, si no los hubiera crucificado. La Cruz es un regalo muy preciado, y muchas virtudes se pueden aprender a través de ella." – Jesús a Santa Gemma Galgani (Padre Amedeo, C.P. *Bendita Gemma Galgani* (1878-1903) (1935) Burns, Oates y Washbourne, London)

> "Mi niña, te quejas porque te mantendré en la obscuridad; pero recuerda que después de la obscuridad viene la luz y entonces tendrás luz de verdad. Te puse esta prueba por Mi gran gloria, para darles alegría a los ángeles, por tu mayor beneficio y también para ejemplo a los demás...Aunque parezca que te repelo, sabes que en vez de eso te atraigo más hacia Mí...Piensa solamente en el presente en cómo debes practicar mucha virtud; apresúrate en los caminos del amor divino, se humilde, y ten seguridad que si te mantengo en la Cruz, te amo" – Jesús a Sta. Gemma Galgani (Venerable Reverendo Germanus C.P. *La Vida de Sta. Gemma Galgani* (2014) Editorial Catholic Way)

La espiritualidad de Sta. Gemma giraba en torno a la humildad. Ella reconoce todo como un regalo de Dios, la gracia en su vida, necesaria para hacerla una santa. A pesar de un sufrimiento intenso, ella encontró alegría en el amor de Cristo.

Hay cuatro niveles de felicidad de los cuales los filósofos discuten. El primero implica placeres corporales para satisfacer una búsqueda de felicidad física y el segundo implica compararnos a los demás para encontrar felicidad relativa. El tercero es la felicidad que sentimos cuando ayudamos a los demás y el cuarto se le llama trascendente, una felicidad que se encuentra más allá de nosotras mismas.

La felicidad trascendente no se encuentra en querer lo que los demás tienen, u obsesionarnos con algún placer que induzca comodidad. Cuando nos damos cuenta que nos preocupamos de tener lo que los vecinos tienen o de lo que hacen nuestras amigas en las redes sociales, no podemos sentirnos completamente felices porque siempre va a ver algo más que consumir o hacer. La felicidad trascendente se encuentra en Dios. Se encuentra en ser libres de ataduras que consumen nuestra energía y mente. La vida Cristiana es un hermoso esfuerzo pleno de amar a Dios tanto trascendente como tangible en el prójimo; así mantenemos un lazo entre el tercer~~o~~ y cuarto nivel de felicidad. La alegría inquebrantable se encuentra en la libertad de no tener que adormecer nuestras emociones ni en esclavizar nuestros cuerpos a la comodidad. Se encuentra en romper las cadenas con la obsesión del poder, dinero y "cosas". Cuando podemos decir no a algo que el mundo ofrece, entonces somos libres. La verdadera paz espiritual se encuentra cuando almas no se afectan por tener o no tener.

No importa por qué sufrimiento estemos pasando, la felicidad que se encuentra en Dios nunca desaparece. A nuestro alrededor hay cruces involuntarias como cáncer, infertilidad o desempleo; quizás nosotras mismas llevamos estas cargas. ¡Así como Jesús le dijo a Sta. Gemma, estos son regalos—aunque ciertamente no lo parecen! Estas cruces parecen como una soledad trágica, oscura y aislante.

La humildad nos ayuda a saber que, aunque no veamos un resultado positivo, confiamos en que Dios tiene nuestro bien por encima de estas cruces. Él es confiable porque Él nos creó para el bien, murió en la cruz por nosotras a pesar de negarnos a Su Señorío y siempre está invitándonos a una eternidad de alegría. Tenemos un Dios que nos ama tanto. El vino a la tierra para enseñarnos lo que es ~~un~~ amor verdadero para poderlo compartir en Su vida Divina.

Reflexión: ¿A qué cosas de la vida te aferras demasiado? ¿Qué es lo que te impide la alegría inquebrantable? ¿Tienes algunas expectativas sobre lo justo y otras medidas de comparación que invaden tu humildad? ¿Cuándo has experimentado la felicidad trascendente como un anticipo del Cielo?

DÍA CINCO: La humildad es irrelevante sin fe; y la fe requiere de una participación activa; no podemos simplemente permanecer sentadas y dejar que la vida pase. Debemos buscar oportunidades para que la gracia de Dios se impregne en nuestras vidas. Debemos vivir nuestras vidas rigiéndonos por nuestras creencias en Dios y nuestro asentimiento a Su Verdad.

> Pero sin la fe es imposible agradar a Dios, pues uno no se acerca a Dios sin antes creer que existe y que recompensa a los que lo buscan. - Hebreos 11:6
>
> Caminaban con Jesús grandes multitudes y, dirigiéndose a ellos, les dijo: "Si alguno quiere venir a mí, y no deja a un lado a su padre, a su madre, a su mujer, a sus hijos, a sus hermanos, a sus hermanas, o aún a su propia persona, no puede ser mi discípulo. El que no carga con su cruz para seguirme, no puede ser mi discípulo. En efecto, cuando uno de ustedes quiere construir una casa en el campo, ¿acaso no comienza por sentarse a calcular los gastos? Porque si pone los cimientos y después no puede acabar la casa, todos los que lo vean se burlan de él y dirán: 'Ahí tienen a un hombre que comenzó a construir y fue incapaz de concluir'. - Lucas 14: 25-30

¿Cómo es posible convertirnos en Santas si nuestros recursos—materiales y mentales - se gastan en edificar fortunas mundanas o estatus? Si nuestro estilo de vida gira alrededor del consumismo y las actividades seculares, interrumpimos nuestra habilidad de darle prioridad a las oraciones, los sacramentos y ayudar a los demás a ver la cara de Cristo. Haciendo una evaluación honesta de lo que sabemos hacer bien; ingeniería, pintura, escuchar, edificar, hornear, organización, ser anfitriona, dando ánimos, educando, planeando, etc..., entonces utilizando estos dones para el beneficio del camino de los demás hacia Dios es reconocer nuestro lugar dentro del gran panorama de la historia de la salvación. La humildad es plantar semillas y no atarnos a verlas crecer, o ni siquiera a la cosecha.

El siguiente párrafo ha sido atribuido a Sta. Teresa de Ávila, "Cristo no tiene cuerpo ahorita más que el tuyo; no tiene manos, ni pies en la tierra más que los tuyos..." pero esto no se ha encontrado en ninguno de sus escritos o enseñanzas; en realidad proviene de los escritos de los Protestantes (The British Friend/El amigo Británico vol. 1, no 1, 1892 pg. 15) combinado en un poema. Adicionalmente no es ni siquiera cierto teológicamente dado que la Eucaristía *es* el Verdadero Cuerpo y Sangre de Cristo en la Tierra. El sentimiento humilde es pensar en ofrecer nuestras manos y pies para hacer la voluntad de Dios, nuestros cuerpos perteneciéndole a Él a través de la Iglesia, Su Novia. Nuestra fe nos obliga a permitir que el amor de Jesús fluya de nosotros hacia los demás mientras llevamos Su Luz, edificando amistades y alabando a Dios. La fe no es algo que podamos dar, es nuestra propia experiencia profunda que vivimos para que los demás se sientan inspirados a utilizar su propio don de la fe de Dios.

Aun podemos ser dueños de una casa y un carro, seguir trabajando en el entorno secular, disfrutar de una buena comida y bebida, podemos jugar deportes y ver películas...pero estas cosas deben estar bien ordenadas. Las utilizamos para experimentar lo Divino tal y como Él quiso que la creación fuera disfrutada y saboreada cuidadosamente (no consumirlos sin sentido y darlo por hecho o ponerlo en un pedestal como un ídolo a través de la forma como priorizamos nuestro tiempo). Cada persona debe mantener la dignidad humana en el mundo. La humildad en nuestra vocación es usar los dones que Dios nos ha dado para que nos preocupemos por el bien de los demás. Podemos utilizar cosas y actividades para ofrecer hospitalidad, apoyo y consuelo. Esto nos da gran alegría porque nos acercamos más a Dios cada vez que lo buscamos en los demás.

Reflexión: ¿Cómo has experimentado alegría esta semana? ¿Quizás te has sorprendido que tu sufrimiento se convirtió en alegría...o tus mortificaciones han servido para vivir más profundamente un momento de alegría? ¿Cómo continúas creciendo en tu fe? ¿Tu forma de vida refleja tus prioridades?

DÍA SEIS: La humildad realza la confianza, gratitud, modestia, amabilidad...muchas otras virtudes son capaces de florecer cuando empezamos en el nivel básico de la humildad ante Dios.

> Gemma, en su lecho de muerte, al ser preguntada por una de las Hermanas que la atendía qué virtud era más importante y querida para Dios, contestó con una gran vivacidad de espíritu, "Humildad, humildad, la fundación de todas los demás." (Ven. Padre Germanus. *La vida de Sta. Gemma Galgani* (2004) Tan Books)
>
> No piensen que la Escritura dice en vano: "Dios quiere celosamente a nuestro espíritu. Y en hacer favores, nadie le gana." Y añade la Escritura: Dios resiste a los orgullosos y concede sus favores a los humildes. - Santiago 4: 5-6

Las virtudes más importantes son las teológicas de fe, esperanza y amor; las cuales son dirigidas a Dios. Nuestra virtud humana de humildad nos ayuda a ser receptivas a ellas poniendo nuestra disposición en un estado de apertura a Dios. Todas las virtudes están unidas y debemos de crecer en todas ellas para ser santas. Crecer en las virtudes requiere deshacerse de comportamientos aprendidos que hacen que la mayoría de nosotras miremos por nosotras mismas por encima de todo.

Dios nos dió un espíritu que lo anhela, sin embargo, muy a menudo usamos ese espíritu para perseguir muchas otras distracciones. Muchos humanos tienen la idea errónea y una forma de vivir creyendo que la meta de la vida es sobrevivir en esta tierra pero la fe luego nos dirige a ver que la vida eterna es mucho más importante. Él nos desea, nos anhela—pero no nos fuerza a que lo amemos. Si somos lo suficientemente humildes de espíritu para ver Su Bondad, nos damos cuenta de que Él siempre ha estado ahí derramando Su gracia. Como Sta. Gemma ejemplifica para nosotras, la humildad puede ser la fundación para todas las otras virtudes.

Vivir humildemente es estar dispuestas a Su Voluntad que cada día de nuestras vidas es una aventura de decirle sí al amor, sí a la sencillez y sí a la vulnerabilidad valiente. El aspecto relacional de la humildad provee oportunidades de ser amada y ser la que ama. Si nosotras nos preocupamos por otros como Dios se preocupa por nosotras, a nadie le falta nada y la alegría abunda aún más. Claro, el pecado aún existe y nadie es perfecta, así que seguimos luchando por la santidad y confiando en el amor ágape de Dios—que es donde la misericordia y el perdón son concebidos. No seremos juzgadas por lo que tenemos, pero por lo que tenemos y damos.

Practicar la humildad nos permitirá ver los dones y talentos que Dios nos ha dado y después dar la vuelta y usarlos para el bien del mundo entero. Damos toda la alabanza a Dios de quien brota toda bondad. La humildad es como, "El Señor puede hacer cosas maravillosas a través mío, porque Él me dió la gracia de ser receptiva a Su voluntad." *Me han mostrado misericordia y yo el comparto. Tengo fe y la uso para magnificar al Señor. Dios me ama y yo te amo. Tengo cáncer y lo ofrezco como una ofrenda. Tengo vida y la ofrezco a la siguiente generación. Tengo una casa, eres bienvenida. Tengo pobreza y te invito a entrar en ella. Tengo tiempo y lo quiero compartir contigo. No tengo suficiente comida y lo ofrezco como mi cruz de sacrificio de amor de hoy.*

Debido a que la virtud también reconoce la dignidad de los demás, no importa el estatus que tengan o no tengan en el mundo, también suena como: "Que bendición eres en mi vida; ¡me da tanto gusto que Dios te haya dado (habilidad, virtud, disponibilidad)!"

Reflexión: ¿Como es que la humildad afecta tu fe personal? ¿Tú esperanza propia? ¿Por qué la humildad afecta cómo amas a los demás? ¿Qué acciones en tu vida son guiadas por el miedo a ser ridiculizada o rechazada? ¿Puedes encontrar la manera de extender la dignidad a alguien que encuentres hoy, de una forma inesperada?

DÍA SIETE: Es imposible llegar al cielo aferrándonos a las pertenencias y estatus, a nuestro propio orgullo egoísta, a nuestro sentido del derecho o a nuestro fuerte control de autosuficiencia. La humildad nos ayuda a confiar en Jesús, lo cual es necesario para ser santa.

> CIC 2544: Jesús exhorta a sus discípulos a preferirle a Él respecto a todo y a todos y les propone "renunciar a todos sus bienes" (Lc 14, 33) por Él y por el Evangelio (cf Mc 8, 35). Poco antes de su pasión les mostró como ejemplo la pobre viuda de Jerusalén que, de su indigencia, dió todo lo que tenía para vivir (cf Lc 21, 4). El precepto del desprendimiento de las riquezas es obligatorio para entrar en el Reino de los cielos.
>
> 2545 "Todos los cristianos han de intentar orientar rectamente sus deseos para que el uso de las cosas de este mundo y el apego a las riquezas no les impidan, en contra del espíritu de pobreza evangélica, buscar el amor perfecto" (LG 42).

Todas nosotras queremos ser santas: queremos pasar la eternidad glorificando a Dios en el cielo. Pero vivir en el mundo es tan difícil; ¿cómo podemos parar de pensar en querer agradar a los demás o querer sentirnos necesitadas? Queremos que los demás visiten nuestras casas u oficinas y que queden impresionados. Queremos que los demás vean que nos está yendo bien financieramente. Queremos que los demás sepan cuáles son nuestros talentos. Quizás, de una manera peculiar, también queremos que vean nuestros desastres y que sepan que no pensamos demasiado en nosotras mismas pero al mismo tiempo deseamos - que las redes sociales nos den puntos por "honestidad". ¿Cuántas de nosotras luchamos contra el narcisismo aunque no queramos?

Magnificaré 90 implica mortificaciones internas para que así exteriormente seamos libres para magnificar al Señor. Debemos preferir a Jesús sobre todo lo demás y no podemos dirigir a otros hacia Él si estamos muy distraídas. Todas nuestras preocupaciones y ansiedades en la era moderna realmente provienen de una falta de confianza. No somos lo bastante humildes para admitir que el camino de Dios es mejor que el nuestro. Debemos pasar tiempo en silencio, para escuchar la guía del Espíritu Santo.

Abrimos las cortinas de nuestro quebrantamiento durante *Magnificaré 90*, para ver los lugares que mantenemos escondidos hasta de nosotras mismas. Practicando la humildad, descubrimos nuestras propias tendencias egoístas, la preferencia que tenemos a la imagen corporal, las actitudes negativas que mantenemos hacia aquellos que no son como nosotras y el anhelo que tenemos por una conexión real y vulnerable. Tenemos la libertad de desarrollar una relación más profunda con Jesús en constante oración, de cultivar amistades que el Espíritu Santo nos ponga en nuestro camino; y de experimentar la vida con corazones agradecidos. Tenemos la libertad, incluso, de acoger el sufrimiento como una gracia.

Reflexión: ¿En qué áreas de la vida anhelas más la aceptación humana? ¿Cómo vives la pobreza evangélica—es decir, de qué manera vives como si Dios fuera tu único tesoro? ¿Cómo ves la caridad? ¿La ves como una obligación o es algo más?

Amabilidad

DÍA OCHO: La amabilidad nos invita a evitar dar tanto los elogios exagerados como el malhumor. Esto requiere que nosotras convirtamos la virtud teológica de la caridad (amor por Dios) en nuestro trato con los demás (amor al prójimo). Para magnificar al Señor amamos a los demás como Dios nos ama y superamos los apegos a nuestras preferencias o estados de ánimo personales.

> CIC: 1878 Todos los hombres son llamados al mismo fin: Dios. Existe cierta semejanza entre la unión de las personas divinas y la fraternidad que los hombres deben instaurar entre ellos, en la verdad y el amor (cf Gaudium et Spes 24, 3). El amor al prójimo es inseparable del amor a Dios.
>
> Que Dios, de quien viene la constancia y el ánimo, les conceda tener, los unos para con los otros, los sentimientos del propio Cristo Jesús, y que puedan unánimemente dar gloria a Dios, Padre de Cristo Jesús, nuestro Señor. –Romanos 15: 5-6
>
> Hazte amar por la comunidad, y sé respetuoso con las autoridades. –Eclesiástico 4:7 (en algunas traducciones, amado/a es "amabilidad")

Las variadas ideas del amor, especialmente hoy en día, oscurece la realidad de lo que significa ser amoroso, mucho menos, amigable. Hacer sentir a los demás validados a *toda* costa no es amigable, es halago. Justificando el pecado a través del relativismo no es amar, pero tampoco lo es tener una actitud de ser más santa que el resto. Hay una necesidad de caminar junto a nuestros prójimos—no importa qué tan alejados de Dios parezcan estar—porque nosotras también necesitamos que otros caminen junto a nosotras. Nos necesitamos el uno al otro en nuestro caminar. Nuestra semana meditando sobre la humildad nos lleva a un estado de mente correcto para entender que es imposible amar a los demás de la manera que Dios las amas por nuestra propia voluntad. Nadie puede amar con un amor Divino, pero tratamos de imitar el amor sacrificial de Cristo Jesús, el cual requiere gracia.

Este tiempo pasado en el "desierto" es interno, no externo. Seguimos estando llamadas a ser amigables e involucrarnos con los demás. La gracia nos ayuda a reducir nuestra voluntad egocéntrica, así nosotras podemos irradiar una actitud alegre y llevar la luz de Cristo a los que están a nuestro alrededor. No hay que tener miedo de ser intencionadas y auténticas con los que Dios pone en nuestras vidas. El propósito de Engrandecer Al Señor es ayudarnos a amar más, a querer más el bien de los demás—ofreciendo nuestras mortificaciones cada día con una intención específica mientras nos desprendemos de querer ver o sentir los resultados.

Nos separamos de la gracia en nuestras almas en el segundo que empezamos a calcular lo bien que estamos haciendo en nuestro estilo de vida ascético pues el orgullo está regresando a nuestra vida. Que nunca nos hagamos de la vista gorda con nadie por nuestro propio enfoque interno que lleva al pecado.

Estamos llamadas a elevarnos por encima de las ataduras, no a quejarnos. Renunciar a nuestro "descanso" nocturno frente a la televisión o pasando tiempo mirando las redes sociales nos lleva, a veces, a ponernos un poco gruñonas y de mal genio con los que vivimos porque no nos estamos distrayendo de emociones reales y necesidades. No tomando un trago con nuestras amigas puede hacer que lo resintamos a tal grado que ya ni siquiera salimos con ellas. ¡Sin embargo, estamos llamadas a mantener y construir amistades! ¿De qué otra manera podríamos magnificar al Señor ante los demás si pasamos nuestra experiencia de *Engrandecer Al Señor* escondiéndonos de las interacciones sociales? Sea cual fuere la parte más difícil de nuestra mortificación, si permitimos que nos haga menos amigables, estamos perdiendo el objetivo.

La Sierva de Dios de Chiara Corbella le escribió a su hijo en su lecho de muerte: *"...El amor te consume, pero es hermoso morir consumida, exactamente como una vela que se apaga solo cuando logra su meta. Lo que hagas en la vida tendrá sentido solo si lo ves con una visión a la vida eterna. Si amas de verdad, te darás cuenta de esto por el hecho de que nada te pertenece, porque todo es un regalo. Como dice San Francisco, "lo contrario al amor es la posesión."*

Reflexión: Cómo puedes mantenerte enfocada y presente con la gente que está al frente tuyo— sin pensar en cosas que hacer ni con quien preferirías estar. Lee el capítulo 15 de Romanos. Apunta todo lo que te llame la atención mientras lo lees y nota cómo se relaciona con dejar que el amor te consuma. ¿Cómo ves la conexión entre el orgullo, posesiones y distracciones en tu vida?

DÍA NUEVE: Sta. Ángela Merici fue un conducto para el Espíritu Santo y un genio femenino de la amabilidad. Ella animó a las mujeres a encontrar la santidad en sus vocaciones, para utilizar su estado de vida como una oportunidad para ser santificadas por la Gracia y también para atraer a otras mujeres hacia Dios. Ella escribió a menudo sobre la virtud de la amabilidad, especialmente en del contexto de la evangelización.

"...que su conversación sea instructiva y cortés, no áspera o grosera, sino tierna y amando la paz y siendo caritativa. Díganles, que ese es mi deseo, donde quiera que se encuentren, que deben dar buen ejemplo, encantando a todos con el dulce olor de sus virtudes, mostrando obediencia y sumisión a todo el que tenga autoridad sobre ellas y celosa de promover buenos sentimientos y paz en todos lados. Sobre todo, permítale ser humilde y amable y permitan que la caridad santa regule todo su entorno, cada acción y palabra y que lo soporten todo pacientemente..."
– Sta. Ángela Merici (Bernard O'Reilly. Sta. Ángela Merici y las Ursulinas (1880) Pollard & Moss)

Bendigan a quienes los persigan: bendigan y no maldigan. Alégrense con los que están alegres, lloren con los que lloran. Vivan en armonía unos con otros. No busquen las grandezas, sino más bien lo humilde. No confíen en su propia sabiduría. No devuelvan a nadie mal por mal; procuren hacer el bien delante de todos los hombres. Hagan todo lo posible, en cuanto de ustedes dependa, para vivir en paz con todos. No hagan justicia por ustedes mismos, queridos hermanos, dejen que Dios sea el que castigue; ya la Escritura lo dice: "Yo castigaré, yo daré lo que corresponde, dice el Señor." Y añade: Si tu enemigo tiene hambre, dale de comer; si tiene sed, dale de beber; haciendo eso amontonarás brasas sobre su cabeza. No te dejes vencer por lo malo, más bien vence el mal a fuerza de bien. –Romanos 12: 14-21

CIC 1879: La persona humana necesita la vida social. Esta no constituye para ella algo sobreañadido sino una exigencia de su naturaleza. Por el intercambio con otros, la reciprocidad de servicios y el dialogo con sus hermanos, el hombre desarrolla sus capacidades; así responde a su vocación. (Gaudium et Spes 25 § 1)

No importa nuestra vocación o estado de vida, nuestra misión como Cristianas es sobre relaciones humanas. No podemos construir el Reino de Dios, si nos aislamos o mantenemos una mentalidad independiente. Durante el transcurso de Engrandecer Al Señor, nosotras recordamos que las cosas no importan—las personas importan. El ser amables no se queda sólo a nivel de la superficie. Las mujeres tienen un genio único—el genio de la maternidad. Sea que demos a luz a una vida humana o no, estamos llamadas a llevar Su Vida Divina al mundo una y otra vez. Siguiendo a nuestra bendita Madre María y a Sta. Ángela Merici (madre de su orden religiosa) esta semana, somos llamadas a ser madres espirituales por nuestro propio sí a la virtud. ¡No podemos sólo limitarnos a buscar una relación más profunda con Dios, porque Él también nos creó el uno para el otro, y vivimos para compartir Su bondad!

Cuanto más profundamente busquemos a Dios cortando las ataduras mundanas, estaremos mucho más libres para cooperar con su Voluntad más perfecta. La relación con Él, a través de la oración, es como conoceremos esa voluntad y va a provocar una acción externa. ¡Jesús no solo les dice a sus discípulos que piensen—les encarga que salgan, y que lo den a conocer al mundo! Este también es nuestro llamado. En nuestro vivir del día-a-día, otros deben de ver a Cristo reflejado en nosotras. Hemos escuchado que los argumentos/peleas no convierten almas y es anecdóticamente verdad. La venganza está reservada para el Señor porque Él es el único lo suficientemente perfecto como para exigirlo con justicia. Todas hemos pecado—todas nos hemos quedado cortas así que la acción virtuosa es caminar caritativamente y pacientemente con los demás. Hablamos la verdad en forma compasiva, para que así, el que escucha lo haga más apropiadamente. Podemos animar más activamente a los que están al nuestro alrededor solo haciendo un acto de presencia, siendo una verdadera amiga. Debemos demostrar amor más frecuentemente de lo que lo decimos. Las obras de misericordia son formas seguras de transmitir el amor de Dios siendo amables.

Reflexión: ¿Cómo ha ayudado la amistad alegre a tu capacidad de magnificar a Dios en el pasado—intentarías hacer algún cambio yendo hacia delante? ¿Hay alguna amiga en tu vida que reconozcas que tiene el don de la amabilidad? ¿Qué características le notas? Agradécele por su testimonio.

DÍA DIEZ: Podemos ser mejores conductos del amor de Dios cuando nos desprendemos de nuestras expectativas de cómo deben actuar los demás. Sería fácil dejar de controlar si fuéramos omniscientes; si supiéramos cómo los caminos de Dios se unirían al final. Sin embargo, al tener tiempo y conocimiento limitados, luchamos contra el impulso de controlar.

> "Dios los creó tal cual son, y no sabes qué uso glorioso puede hacer de ellos...Corrige a tus seres queridos amorosamente, con caridad, cuando los veas caer por la enfermedad humana. Así, seguirás podando la viña asignada a ti por nuestro Señor; dejando el resultado a Él, quien esperará el momento apropiado para hacer maravillas para ti." – Sta. Ángela Merici (Bernardo O'Reilly. *Sta. Ángela Merici, y las Ursulinas* (1880) Pollard & Moss)
>
> CIC 1936: Al venir al mundo, el hombre no dispone de todo lo que es necesario para el desarrollo de su vida corporal y espiritual. Necesita de los demás. Ciertamente hay diferencias entre los hombres por lo que se refiere a la edad, a las capacidades físicas, a las aptitudes intelectuales o morales, a las circunstancias de que cada uno se pudo beneficiar, a la distribución de las riquezas. (vea también Gaudium et Spes 29 §2) Los "talentos" no están distribuidos por igual. (ver Mateo 25: 14-30, Lucas 19:27)
>
> 1937: Estas diferencias pertenecen al plan de Dios, que quiere que cada uno reciba de otros aquello que necesita y que quienes disponen de "talentos" particulares comuniquen sus beneficios a los que los necesiten. Las diferencias alientan y con frecuencia obligan a las personas a la magnanimidad, a la benevolencia y a la comunicación. Incitan a las culturas a enriquecerse unas a otras [...]

Fuimos hechas para entablar relaciones, por un Dios de amistad. Habiendo sido bienvenidas a esta amistad a través del bautismo, somos redimidas por el amor de Cristo a nosotras, el cual vino por medio del amor del Padre que se inclinó a la tierra en Cristo el Hijo para satisfacer el pacto que no pudimos cumplir. La redención es dada libremente y entonces la salvación debe ser aceptada a través de la forma en que nos acercamos más a Dios mientras estamos en la Tierra. El Espíritu Santo se derrama en nosotras a través de los Sacramentos y la misericordia, y reestablece nuestra libertad de amar; para escoger la amistad correcta con nuestro Creador y Su creación. Lo vivimos en nuestras interacciones con otros seres humanos; a pesar de nuestras diferencias y necesidades únicas.

Quizás una de las cosas más difíciles de desprendernos es la preferencia de estar alrededor de la gente como nosotras. Es difícil encontrarse con los demás en el amor a Cristo cuando nos hacen sentir incómodas, cuando desafían nuestras creencias o nuestro estilo de vida. O tal vez simplemente actúan molestos o no son buenos en señales sociales. Tal vez tratan de dirigir todo para su propia gloria o culpar a los demás por sus deficiencias. Cuando vemos a la otra gente como los ve Cristo, o buscamos la luz de Cristo en ellos, nos podemos dar cuenta que nuestras propias preferencias no importan. Si Dios ha puesto a alguien en nuestras vidas, no es una coincidencia. Como San Francisco de Sales escribió: "Uno puedo atrapar más moscas con una cucharada de miel que con cien barriles de vinagre." ¿Como podemos dar gloria a Dios a-través de nuestra amabilidad—a través de nuestra bondad y apertura a escuchar, que podría conducir a la confianza mutua y a la dignidad compartida?

Reflexión: ¿Alguna vez te has alejado de tus amigas cercanas para estar con alguien nuevo que parece estar algo sola? ¿Alguien a quien no conoces ha tratado de acercarse a ti en un evento? ¿De qué manera salir de tu "burbuja" te ayuda a equilibrar tener tu "taza llena" versus "llenar" la de otra persona? ¿Qué podemos aprender de Dios por los demás—no teológicamente sino relacionalmente?

DÍA 11: Si podemos privarnos de nuestras comodidades humanas como golosinas, medios sociales, bocadillos, maquillaje, ir de compras—podemos negarnos a nosotras mismas el egoísmo y los parámetros de quién puede ser nuestra amiga. Nos esforzamos en perfeccionar la virtud de la amabilidad para que al conocer el corazón de los demás, podamos hablar y hacer las cosas que los ayudarán —y a nosotras también— a conocer mejor a Dios.

> CIC 1931: El respeto a la persona humana pasa por el respeto del principio: "Que cada uno, sin ninguna excepción, debe considerar al prójimo como 'otro yo', cuidando, en primer lugar, de su vida y de los medios necesarios para vivirla dignamente". (Gaudium et Spes 27 § 1) Ninguna legislación podría por si misma hacer desaparecer los temores, los prejuicios, las actitudes de soberbia y de egoísmo que obstaculizan el establecimiento de sociedades verdaderamente fraternas. Estos comportamientos solo cesan con la caridad que ve en cada hombre un "prójimo", un hermano.

La mayoría de la gente en el mundo trata de llenar el anhelo por Dios con "ningún-Dios" y esto lleva a mucha tristeza, vacío y soledad. El antídoto para esto es la intimidad. Intimidad de una forma de contacto humano verdadero, apoyo y compasión. Claro, esto también es intimidad con Dios, de manera que conocemos nuestra dignidad y tenemos confianza en Su deseo para con nuestra vida eterna. ¡Nuestro testimonio a los demás puede ser encontrado a través de nosotras, hermanas! Dios desea trabajar a través nuestro.

Nuestra relación con los demás es muy importante para el cambio cultural que tanto deseamos ver. Queremos que el mal desaparezca, que la alegría triunfe y que la paz reine. Dios nos da la respuesta para esto explícitamente en la Biblia. No hay un programa que arregle el mundo. ¡El amor es la respuesta! Debemos tratar de amar a nuestros semejantes; a todos. El amor quiere el bien eterno para cada persona. Si, también para los que nos vuelven locos o nos hacen sentir mal. Para los que nos han perjudicado. Para los que no son católicos e incluso los anticatólicos. Para los que muy descaradamente llevan una vida de pecado grave. Para los que son invisibles y viven al margen de la sociedad. El sucio y el de mal olor. Los enfermos contagiosos. Los que no se pueden comunicar fácilmente debido a una necesidad especial. Y claro, a los que ya amamos. Si queremos que todos ellos gocen de felicidad eterna, esto debe impactar la forma en que interactuamos con ellos, sabiendo que nosotras estamos modelando a Cristo. Nuestra relación con Dios debe de ser profunda al igual que nuestra relación con los demás.

Debemos de ser receptivos a aquellos a los que Dios está poniendo en nuestro circulo de influencias; podemos ser testigos de la alegría Cristiana a través de nuestra amabilidad con la asistente de administración con la que trabajamos, el barista la mesera, el chofer de taxi, el que atiende en el gimnasio, el trabajador de correos, el que empaca las compras, los vecinos que saludamos cuando recogemos el correo, un compañero de cubículo de oficina, los amigos de nuestros niños o sus papás, nuestras madres, nuestras nueras, un ahijado, la lista es infinita. Nunca sabemos quién será nuestra nueva amiga, si tan solo estamos dispuestas a ser amigables. ¡La gente quiere entablar amistad con gente amable, así es que si Dios nos llama a la amistad con una conocida, nosotras trataremos sinceramente de desarrollarla! Sin embargo, debemos reconocer que Dios creó a cada persona con un alma única, con la libertad de negar el amor. Ofreciendo amor, podemos encontrar paz sabiendo que hicimos todo lo posible si la amistad no funcionó. Ahí es cuando nuestras mortificaciones y sacrificios pueden encontrar un significado más profundo.

La mortificación no se debe ver como una cosa mala. Es una herramienta que nos ayuda a liberarnos de los lazos de los ídolos mundanos. Dejar el maquillaje puede ser un sacrificio increíble para nosotras, pero puede ser un ejercicio que ayude a revelarnos la verdadera belleza que Dios nos dió. Podemos llegar a irradiar gozo sabiendo que nuestra alegría no está basada en lo que otra gente (o nosotras) ve en nuestra piel, sino en el amor de Cristo que nos sostiene. A lo mejor batallamos para hacer un espacio en nuestra mente para la oración diaria— ¿podemos dar pasitos cada día? Si es que decimos sí a la oración diaria, el Señor puede incluso abrir las puertas para que nosotras aceptemos humildemente su invitación al sacrificio diario de la Misa más frecuentemente. ¡La Eucaristía es la fuente de nuestra fuerza, así que si nos encontramos sintiéndonos inadecuadas en la amabilidad—es una cosa buena y virtuosa que confiemos en Jesús! Tomemos ventaja de los Sacramentos para sostenernos, especialmente si buscamos magnificarlo a Él.

Reflexión: ¿Cómo es que Cristo te ha dado fuerzas en el pasado, mientras te pide que seas el hombro de apoyo para otros (en tu familia, amigas, parroquia y comunidad)? ¿Identificas a alguien en tu vida a la que no le has dado mucha atención y piensas por qué? ¿Acaso Dios te está llamando a un amor más profundo?

DÍA 12: Los humanos hemos sido creados porque Dios es amor y entonces fue necesario, de cierta manera, que exista alguien a quien se dirija su amor. Hay necesidad de creación continua a través de nuestro deseo de amar y ser amada, al cooperar con la naturaleza creativa de Dios. Nos necesitamos los unos a los otros para poder vivir el mandamiento más grande.

> CIC 1942: La virtud de la solidaridad va mas allá de los bienes materiales difundiendo los bienes espirituales de la fe, la Iglesia ha favorecido a la vez el desarrollo de los bienes temporales, al cual con frecuencia ha abierto vías nuevas. Así se han verificado a lo largo de los siglos las palabras del Señor. "Buscad primero su Reino y su justicia y todas esas cosas se os darán por añadidura". (Mt 6, 33) [....]
>
> "Alégrate de ir a menudo...a visitar a tus queridas hijas y hermanas y saludarlas con toda amabilidad, para ver como están, para reconfortarlas y animarlas a perseverar en la forma de vida que ellas han escogido, para entusiasmar su deseo por gozos y posesiones celestiales, para esperar con anhelo las hazañas alegres y los deleites indescriptibles de la Ciudad de Dios, sus triunfos dichosos y eternos y para arrancarse el amor hacia este mundo lamentable y traicionero, donde nadie puede encontrar ni descanso verdadero o estar contenta, pero solo se encuentran desilusiones, trabajo amargo, miseria y mezquindad...no permitas que nadie dude sobre esto, no importa cuál sea su problema o dificultad; ya que todas estas pequeñas miserias pronto desaparecerán de su camino y serán reemplazadas por la serenidad y la alegría; y por lo tanto, lo poco que tengamos que soportar en esta vida no es nada comparado a la riqueza de la felicidad almacenada en el Paraíso..."
> –Sta. Ángela Merici (Bernard O'Reilly. *Sta. Ángela Merici y las Ursulinas* (1880) Pollard & Moss)

Ser amable es considerado como una forma de cultivar el sentido de la solidaridad con los demás. No sólo debemos demostrar el amor materialmente (compartiendo los recursos que tenemos a través del encuentro con los pobres y teniendo una cultura hospitalaria en nuestras casas) sino que tenemos que demostrar amor espiritual. ¡Nos necesitamos unas a las otras porque no podemos hacer todo por nosotras mismas; y no podemos seguir el Gran Mandamiento del Señor sin tener vecinos a quien amar! Debemos ayudar y preocuparnos por el estado del alma de nuestras amigas—debemos evitar preocuparnos demasiado por nosotras mismas, nuestros planes y aflicciones. Esto es solidaridad espiritual. Debemos cuidar de nuestra vida interior, eso es muy cierto, pero también debemos animar a los que están a nuestro alrededor a encontrar alegría en sus sufrimientos, levantar sus corazones caídos y permanecer firmes en sus vocaciones. Esto requiere que sepamos escuchar—poniendo atención al movimiento corporal y a lo *no dicho*, como también a lo que hacen y dicen. Rezamos por los demás y con los demás y confiamos que los demás hagan lo mismo por nosotras. Nadie debe quedarse aislado o con carencias en la vida espiritual, al igual que nadie debe estarlo también en el sentido corporal.

Si no tenemos una rutina de responsabilidad con los demás, nos podemos encontrar despertando cada día yendo por la vida sin ataduras y distraídas; o peor aún, como si la búsqueda de la comodidad, la aprobación y la independencia fuera todo lo que hay que hacer. Necesitamos recordarnos la una a la otra que el sufrimiento tiene un propósito, el crecimiento en virtud es más importante que la comodidad y una vida de oración comprometida es vital para la relación con Dios. Necesitamos a otros a nuestro alrededor que no tengan miedo de traernos de regreso a las cosas espiritualmente necesarias—y podemos intentar ser nosotras eso mismo para los demás.

Reflexión: ¿Cómo estás animando a tus amigas a permanecer en la verdad de su llamado a ser santas? ¿Levantas y afirmas a otras cristianas con virtud amable—sin dar halagos ni centrarte en los elementos físicos? Llama a una amiga hoy, salúdala, pregúntale como está, escúchala con un corazón abierto, después anímala.

DÍA 13: Nosotras debemos utilizar la amabilidad para magnificar al Señor a para aquellos que necesitan verlo desesperadamente. Tenemos que encontrar el punto dulce de no ceder al vicio aun cuando los que nos rodean lo están, pero tampoco discutiendo o ignorando a la gente con estilos de vida diferente que Dios nos pide que amemos.

> "Se amable y cortés... Conseguirás mejor resultado con palabras amorosas y de una manera corteza, que con amargura o reprimenda mordaz, lo cual nunca se debe usar pero sola en extrema necesidad y con prudencia de la hora y lugar, como también a la disposición de la persona en cuestión. La verdadera caridad, que tiene como objetivo honrar a Dios en todas las cosas y ser útil a las almas, sabe enseñar este discernimiento práctico; impulsa al corazón a ser, de acuerdo a las necesidades de la hora y el lugar, amable y cortes, no mordaz y picante, con una medida apropiada en la gentileza o la reprimenda, según sea necesario..." –Sta. Ángela Merici (Bernard O'Reilly. *Sta. Ángela Merici y las Ursulinas* (1880) Pollard & Moss)

Mientras nos esforzamos por vivir una vida santa, una vida virtuosa, quizás nos podemos preocupar de cómo interactuar con los que parece que llevan una vida muy diferente. Tal vez tenemos miedo de estar alrededor de vecinos o miembros de la familia que no creen en lo que nosotras creemos...no sabemos cómo hablar con ellos de una manera significativa sin parecer como si fuéramos "mas-santas que ellos" o criticándolos. Nos sentimos inquietas e incómodas porque toma más energía estar alrededor de gente que no "tiene nuestras mismas creencias". Es fácil decir odiamos el pecado pero amamos al pecador— ¿pero cómo llevamos eso a la práctica? Pareciera que necesitamos dejarlo en claro, una vez, que no estamos de acuerdo con lo que elijen o su estilo de vida, pero continuamos interactuando con ellos de una forma razonable. Por supuesto que no podemos llevar a los niños al escándalo, pero va a depender de nuestro estado de vida. Lo mejor es rezar y discernir cómo es que Dios quiere que vivamos la virtud como testimonio a la Verdad y libertad encontradas en Cristo, que incluye el sacrificio con amor.

Todos tenemos dignidad como persona humana y nuestro encuentro con ellos, como lo hizo Cristo, nos ayudará a vivir una vida más virtuosamente amable. Mantenemos nuestros sentidos atentos a las "citas divinas" que Dios pone ante nosotras. Las citas divinas son aquellos encuentros casuales con una amiga perdida hace tiempo, coincidencia extraña cuando seguimos viendo a la misma persona una y otra vez, o una situación perfectamente alineada para hablar con alguien.

En su Bondad, Dios *nunca* deja de darnos oportunidades de engrandecerlo que Él quiere que las tomemos. Cuando nos cruzamos con esas oportunidades, debemos elegir amabilidad y gentileza para que así se forme una amistad más profunda entre nosotras y crezca la confianza. Podemos dar ejemplo de compasión para que los demás sean capaces de confiar en la misericordia de Dios. A menudo, muchos que dicen no creer en Dios tienen en realidad problemas de confianza. No podemos ayudar a los demás a que conozcan a Cristo si nosotras no confiamos en Él, así es que esforcémonos en creer que Él resolverá las cosas para Bien, aunque no lo podamos ver. ¡Compartamos nuestros quebrantos y la forma en que Jesús ha transformado nuestras heridas para que los demás crean que también les puede pasar a ellos! ¡Tal vez nuestro crecimiento en la amabilidad puede tener su origen en nuestra capacidad de ser vulnerables y abiertas a la manera en que Dios nos ha amado—y continúa amándonos!

Reflexión: Lee Efesios 4 – ¿Qué tipo de amiga eres? ¿Tratas de mantener tus ojos y corazón abiertos a la gente que necesita una amiga verdadera y significativa? Comunícate con alguien el día de hoy y planea encontrarte en persona. Pon tu atención en convertirse en amigas, tú no tienes que resolver ningún problema, confía en que eso está bajo el control de Dios.

DÍA 14: Rezar el Rosario diariamente es parte de *Magnificaré 90* porque si buscamos magnificar al Señor, María es nuestro mejor ejemplo. El segundo misterio gozoso del Rosario es La Visitación y el fruto de la meditación es el "amor al prójimo."

> Por esos días, María partió apresuradamente a una ciudad ubicada en los cerros de Judá. Entro a la casa de Zacarías y saludo a Isabel. Al oír Isabel su saludo, el niño dio saltos en su vientre. Isabel se llenó del Espíritu Santo y exclamó en alta voz: "Bendita eres entre todas las mueres y bendito es el fruto de tu vientre. ¿Cómo he merecido yo que venga a mí la madre de mi Señor? Apenas llegó tu saludo a mis oídos, el niño saltó de alegría en mis entrañas. ¡Dichosa por haber creído que de cualquier manera se cumplirán las promesas del Señor!" – Lucas 1: 39-45

> CIC 1397: La Eucaristía entraña un compromiso en favor de los pobres: Para recibir en la verdad el Cuerpo y la Sangre de Cristo entregados por nosotros debemos reconocer a Cristo en los más pobres, sus hermanos (cf Mt 25,40): "Has gustado la sangre del Señor y no reconoces a tu hermano. [...] Deshonras esta mesa, no juzgando digno de compartir tu alimento al que ha sido juzgado digno [...] de participar en esta mesa. Dios te ha liberado de todos los pecados y te ha invitado a ella. Y tú, aun así, no te has hecho más misericordioso (S. Juan Crisóstomo, hom. in 1 Co 27,4)."

María, embarazada inesperadamente, no se preocupó por sus propias cargas y futuro incierto. Ella fue a visitar a Isabel. A través de su genio femenino de receptividad, sensibilidad, generosidad y maternidad, María supo que trayendo al Señor a Isabel era la mejor manera de compartir la alegría. María pasó tiempo con Isabel, la cuidó durante el embarazo y glorificó a Dios en alabanza y acción de gracias. Las dos mujeres se hicieron compañía mientras esperaban. El esperar a Jesús, la espera de dar a luz...la espera del Cielo.

La palabra compañía viene del Latín, que significa "pan-junto." A través del ejemplo de Jesús, María y la iglesia temprana, fuimos llamadas a estar en la compañía de nuestro prójimo: para partir los panes juntos. En ningún lugar se vive esto de manera más prominente que en la Misa. ¡Mientras que en la vida se requiere de paciencia para la Visión Beatífica final, sabemos que compartiendo el Pan Verdadero podemos tener un breve anticipo de la alegría eterna! ¡Debemos mantener en mente que el estar en Misa es lo más cercano al Cielo aquí, porque los ángeles y santos están allí alabando a Dios junto con nosotras! Como parte de nuestra búsqueda de la amabilidad, es importante compartir con los demás nuestra propia experiencia con Jesús en la Eucaristía. Estamos llamadas a renunciar a nuestros deseos de ahogarnos en nuestras propias dificultades porque alguien más necesita a menudo de nuestro amor y atención. Podemos darnos cuenta de quién es esa persona cuando somos libres de captar los empujoncitos sutiles que Dios nos da en oración, cuando nos abrimos humildemente a Su Voluntad. Sigamos el ejemplo de nuestra Madre Bendita, magnificando al Señor a través de nuestras vidas y buscando Su vida en los demás. Cuando somos hospitalarias, acogemos a los invitados, siendo Cristo el mejor reflejado en nuestro prójimo.

Cuando rezamos el misterio de la Visitación, debemos meditar en cómo podemos amar más a nuestro prójimo.

Reflexión: ¿A Has tenido circunstancias donde te has enfocado menos en tus propios retos y más en los de tu alrededor? ¿Cómo los recibiste? ¿Qué puedes encontrar en la celebración de la alegría de los demás? ¿Qué partes de tu personalidad natural ayuda o dificulta tu amabilidad? Anima a otras a regresar a Misa y recuérdales que recen con los Santos—la gran parte de nuestra participación en la Misa es en nuestro interior.

Gratitud

DÍA 15: Nuestro tema esta semana es la gratitud. Según vamos dejando el deseo de querer más, encontramos alegría y paz. La gratitud es necesaria para engrandecer al Señor.

> Te alabarán, Señor, todas tus obras y te bendecirán tus seguidores. Hablarán de la gloria de tu reino y anunciarán a todos tus hazañas, para que así conozcan – los hombres tu poder – y la gloria brillante de tu reino. Tu reino es reino de todos los siglos – y tu imperio, de todas las edades, El Señor dice siempre la verdad en todas sus palabras – y es bondadoso en todas sus acciones. – Salmo 145: 10-14

Recuerda en la parte de la Misa, donde el padre dice, "Demos gracias al Señor nuestro Dios." ¡Entonces, nosotros respondemos, "es justo y necesario!" Dando gracias al Señor, el padre continúa, es nuestro deber y salvación. Nuestra esperanza de salvación tiene en ello una vida de gratitud vivida para Dios por el sacrificio que Cristo hizo en la cruz para reunir a la raza humana con Dios. Sin ese sacrificio, tendríamos una deuda impagable a Dios. Nosotros, como raza humana, escogimos el conocimiento por encima de la confianza en Dios. Desde la caída de gracia en el Jardín del Edén, los humanos hemos estado desconectados y en una lucha continua por encontrar la re-comunión con Dios. Ese es el pecado original; la desconexión arraigada de la voluntad perfecta de Dios.

La encarnación de Cristo Jesús hizo posible la comunión; tanto en el sentido eterno como en el físico. La Eucaristía es nuestro recordatorio del sacrificio de Cristo y de nuestra acción de gracias a Dios por la vida y por la habilidad de tener una relación con Él. La palabra Eucaristía viene de la palabra Griega gracia (kharis) y el prefijo "eu," que significa bien. Aunque la traducción de bien allí significa "bueno", en Inglés también es una reflexión de cómo hemos de sacar Agua Viva del pozo de la misericordia de Jesús. Él vierte su misericordia en nuestras almas especialmente cuando recibimos Su Presencia Verdadera. Cada vez que participamos en la Misa, recordamos la verdad que Dios es la fuente de todo lo bueno y nuestra obligación es demostrarle gratitud.

El Señor siempre está inclinándose hacia la raza humana a través de los Sacramentos, especialmente a través de la Misa. Debemos recibir Su abrazo con mentes dispuestas y almas receptivas, a pesar que la vida parezca difícil y con sufrimientos muy grandes. Aun cuando pareciera que el Señor no contesta las oraciones como quisiéramos que lo hiciera, Él nunca dejará de darnos lo que verdaderamente necesitamos.

Reflexión: ¿Cómo has experimentado fortalecerte espiritual y físicamente al recibir el Sagrado Sacramento? ¿Cómo es que las prioridades en tu vida reflejan la gratitud por toda la bondad del Señor? ¿Te parece que todavía estás esperando la provisión de Dios? Ofrécelo como un sacrificio.

DÍA 16: La Adoración es gratitud por el amor, gratitud por todo lo que nos da vida y esperanza de la eternidad. La gratitud nos lleva a adorar a Dios por todo lo que Él es.

> CIC 2096: La adoración es el primer acto de la virtud de la religión. Adorar a Dios es reconocerlo como Dios, como Creador y Salvador, Señor y Dueño de todo lo que existe, como Amor infinito y misericordioso. «Adorarás al Señor tu Dios y sólo a él darás culto» (Lc 4, 8), dice Jesús citando el Deuteronomio (6, 13).
>
> 2097: Adorar a Dios es reconocer, con respeto y sumisión absolutos, la «nada de la criatura», que sólo existe por Dios. Adorar a Dios es alabarlo, exaltarle y humillarse a sí mismo, como hace María en el Magníficat, confesando con gratitud que Él ha hecho grandes cosas y que su nombre es santo (cf Lc 1, 46-49). La adoración del Dios único libera al hombre del repliegue sobre sí mismo, de la esclavitud del pecado y de la idolatría del mundo.

Una de las piezas más importantes de *Magnificaré 90* es dejar humildemente las cosas mundanas, desprendernos de ellas mientras que simultáneamente nos apegamos a Dios. Nosotras *escogemos* a Dios libremente. ¿Por qué lo haríamos, si no es porque lo reconocemos como Creador y fuente de todo lo bueno? La palabra adoración, en parte, viene de la palabra valor y el significado de valor es «convertirse en, convertirse de nuevo en». Tal como, «el valor de la computadora es de $500». Lo que quiere decir que puede ser vendida y convertirse en $500 para usarlo en comprar carne para una familia pueda comer por varios meses. En el ejemplo, sacrificamos la computadora para obtener los $500 para comprar la carne. El sacrificio está en el centro de la adoración; porque nos deshacemos de algo para obtener algo más.

El adorar a Dios es reconocer que Él tiene valor para nosotras. ¿Entonces, cuánto vale Dios? Como creador de todo, Él lo vale todo. De cierta manera, debemos dejar todo para estar con Todo. ¿Cómo lo hacemos? Tenemos que admitir que no podemos hacerlo todo por nosotras mismas porque solo somos una parte de la creación, no podemos controlarlo todo. Sin embargo, se nos da el dominio sobre la creación como seres hechos a imagen y semejanza de Dios. La respuesta a este misterio es la gratitud como sacrificio. Reconociendo que sólo somos administradoras, no dueñas de todo lo que se nos ha dado, nos permite ser capaces de cuidar el mundo creado, mientras que paralelamente sabemos que todo se lo debemos a Dios.

No podemos “encerrarnos en nosotras mismas.” Para adorar a Dios, debemos de ver hacia fuera. Hacemos pequeñas ofrendas aquí o allá para ayudar a los demás, para compartir lo que tenemos, para ofrecer oraciones y buscar la unión. ¡Nuestras mortificaciones nos ayudan a enfocarnos en lo que es importante para Dios, agradecer por lo que sí tenemos! Tenemos vida, tenemos alimentos, tenemos relaciones humanas. ¡Tenemos nuestra fe! Somos escogidas y llamadas a ser luz en el mundo para los que no lo conoce completamente. Cuando nos sentimos espiritualmente débiles, debemos pedirle a Él que nos dé las gracias necesarias para llevar a cabo la misión que se nos ha confiado. ¡Y cuando nos sentimos espiritualmente fuertes, debemos sentirnos agradecidas y reconocer al Señor como la fuente de esa fuerza!

Si hemos vivido de una cierta forma por largo tiempo y luego repentinamente hacemos un cambio que puede hacer reflexionar a los demás, quizás nos pregunten, “¿qué hizo que cambiaras?!” A lo cual nosotras podríamos responder, “¡El amor de Dios! ¡Quiero simplificarme y magnificarlo a Él!” Cuando nuestras vidas empiezan a verse diferentes por la virtud, eso en sí es un testimonio de la Verdad, Bondad y Belleza de Dios.

Aunque ciertamente es difícil ser cristiana hoy en día, llena de distracciones y relativismo, sabemos que cualquier prueba que se nos presente en esta vida, es nada comparado con la gloriosa vida eterna que viene. Cuando sentimos que *el Camino, la Verdad y la Vida* son muy difícil, esos son los momentos para acercarnos más a Dios, agradeciéndole por la oportunidad de unir nuestros sufrimientos a la cruz de Cristo. Deja que el ejemplo de María, Nuestra Madre y la comunión de los pecadores convertidos en Santos sea nuestro estímulo.

Reflexión: Reflexiona en el consuelo que encuentras en la comida o bebida. Reconoce que muchos en el mundo comen, día a día, cosas que nunca quisieras comer o toman agua sucia o contaminada. Cada vez que estés tentada a abandonar una de tus mortificaciones, piensa en Cristo sediento por ti. ¿Alguna vez has reconocido el hambre física como sustituto de la verdadera hambre por Cristo? Esa sensación en la boca del estómago está invitándote a que vuelvas al Señor como el Pan de Vida, sabiendo que la comida física te dejará siempre insatisfecha.

DÍA 17: Reflexiona sobre la vida de Sta. Josefina Bakhita, quien fue cicatrizada 114 veces por dueños de esclavos "marcándola" con navajas de afeitar y frotando sal en sus heridas. Ella es un genio femenino de gratitud.

> "Si me encontrara con los traficantes de esclavos que me secuestraron y hasta los que me torturaron...me pondría de rodillas y les besaría sus manos, porque si eso no hubiese pasado, no sería una Cristiana y religiosa hoy en día. El Señor me ha amado tanto. Debemos de amar a todos."
> –Sta. Josefina Margarita Bakhita

Bakhita estuvo en cautiverio por tanto tiempo y tan torturada, que hasta olvidó su propio nombre. Bakhita es "afortunado" en Árabe, al principio era irónico cuando los captores la nombraron así, pero después ella decía que la describía con exactitud. Después de ir a Italia con una chica a la cual servía como esclava, Bakhita conoció a monjas Católicas. Bakhita llego a conocer al Señor, recuperó su libertad y recibió los sacramentos. Se unió a la orden religiosa Hermanas de Canossa y bendijo la vida de mucha gente a través de su servicio humilde. Su gran historia es una de perdón y gratitud; alegría y amor.

Esto es a lo que Cristo nos llama en la vida de la Iglesia; buscando el perdón por nuestros pecados, estando agradecidas por su misericordia y viviendo una vida de virtud. También extendemos el perdón a los demás para que podamos ser verdaderamente libres. Josefina, su nombre de bautismo, nunca hubiese experimentado la verdadera libertad si se hubiera aferrado al enojo o resentimiento hacia los traficantes de esclavos o "dueños." Viendo todo lo que nos sucede como una oportunidad de crecer más cerca a Dios y ser más parecida-a-Cristo, encontramos la verdadera libertad cuando estamos dispuestas a amar, agradecidas por la vida y capaces de experimentar la paz que solo Él trae.

Aunque es difícil decirla y oírla, la frase "todo pasa por alguna razón," es apta. Sta. Josefina nos enseña que Dios puede usar hasta los pecados de los demás para traer el bien al mundo caído. Es importante notar que Él nunca quiere el mal pero lo permite porque el pecado debe tener la habilidad de existir sinó el amor no podría. El amor se encuentra en la libertad porque tenemos la habilidad de rechazarlo. Nos afecta cuando otros rechazan el amor y rechazan a Dios. Sin embargo, el Señor nos llama hacia Él a través de todas las situaciones. Sólo podemos controlar nuestra *reacción* cuando otros nos lastiman, o cuando un ser amado muere. Es nuestra elección virtuosa el vivir agradecidos por la existencia del amor en medio de situaciones en las que el mundo quizás nos diga que tenemos "el derecho" a ser rencorosas o a desesperarnos.

Las paredes construidas por el resentimiento opacan la alegría. Debemos perdonar a los demás, así como somos perdonadas, sin guardar rencor. Cuando la causa de nuestra tristeza no es culpa obvia de alguien más inmensa como la muerte por una enfermedad o accidente, o tan pequeña como una tormenta en un día de campo—confiamos en que Dios quiere el bien para todas nosotras, siempre. Es simplemente debido a nuestro limitado entendimiento de lo que significa el bien. En nuestro entendimiento limitado de la omnipresencia y omnipotencia de Dios, debemos confiar en que tanto lo que es bueno para nosotras y lo que nosotras consideramos *sufrimiento* puede ser la misma cosa.

Ciertamente estaremos tristes, incluso angustiadas de vez en cuando. Nuestro amor y añoro por aquellos que nos han dejado debe seguir apuntando a la esperanza en la eternidad; estamos hechas para esto. La gratitud por ver la vida como un regalo nos mantendrá en pié en las tormentas de la vida. Nuestro gozo se basa sólo en Dios—lo podemos encontrar en los demás, pero el punto de partida siempre es Dios. Es muy difícil vivirlo, pero a través de nuestras virtudes podemos engrandecer gozosamente al Señor incluso en tiempos de dolor. Nuestras vidas serán más felices cuando aceptemos que todas las cosas en nuestro camino son una oportunidad para amar a Dios y a los demás. Por cierto, algunas de las mejores oportunidades para engrandecer al Señor se encuentran en vivir dando gracias por las cosas que el mundo dice que deberían apartarnos de Él.

Reflexión: ¿Qué rencores guardas, aunque sea un poquito, hacia los humanos o Dios? ¿Puedes identificar las áreas donde el egoísmo o el derecho tienen control sobre su vida? ¿Cómo se ve afectada la virtud? ¿Cómo puedes tener alegría en tu vida hoy, a pesar de las cicatrices?

DÍA 18: La fe Cristiana se extiende por la gracia del Espíritu Santo y por la virtud de creyentes que inspiran a otros. Los párrafos 75-95 del Catecismo son extremadamente importantes en este tema.

> Tengan por regla suprema a Cristo Jesús el Señor, tal como se les enseñó. Permanezcan arraigados y edificados en el, apoyados en la fe, tal como fueron instruidos, y siempre dando gracias. Cuídense: que nadie los engañe con teorías filosóficas o con cualquier otro discurso hueco, que no son más que doctrinas humanas y no se inspiran en Cristo, sino en luces de este mundo. - Colosenses 2: 6-8

> CIC 78: Esta transmisión viva, llevada a cabo en el Espíritu Santo, es llamada la Tradición en cuanto distinta de la sagrada Escritura, aunque estrechamente ligada a ella. Por ella, "la Iglesia con su enseñanza, su vida, su culto, conserva y transmite a todas las edades lo que es y lo que cree" (DV 8). "Las palabras de los santos Padres atestiguan la presencia viva de esta Tradición, cuyas riquezas van pasando a la práctica y a la vida de la Iglesia que cree y ora" (DV 8).

Tenemos que esforzarnos por recuperar la mentalidad Cristiana de cambiar al mundo, en lugar que el mundo nos cambie a nosotras. Muy frecuentemente somos seducidas por las tecnologías que inventamos, el poder que reclamamos como nuestro y la comodidad que creamos. Pero cuando seguimos una Tradición Sagrada y leemos La Sagradas Escrituras, podemos *amar* en lugar de solo *tolerar*. Se necesita virtud para amar de verdad, mientras que tolerar es para los que simplemente tienen valores. Las virtudes Cristianas dirigen a nuestras acciones hacia la Verdad y el fin para el que fuimos creados y los valores son solo una apreciación por algo bueno sin tener que involucrarse. Si solo valoramos algo o a alguien, dejamos que el mundo nos cambie según van cambiando los valores. Para esforzarse, como co-creadores con Dios, para "cambiar al mundo caído", necesitamos perseguir la virtud, la cual nunca cambia y siempre involucra nuestra participación agradecida.

La "Vida Litúrgica" es una de las formas de seguir la Tradición Sagrada y nos ayudará a emular los hábitos de vida de tantas Santas. Podemos pasar de sólo apreciar el Cristianismo a vivirlo realmente. En lugar de ordenar nuestros días en torno a lo que *queremos* hacer, ordenamos nuestros días en torno a los sacramentos, las lecturas diarias de misa y liturgia de las horas, los días de fiesta, los días de ayuno y de preparación, los días de celebraciones solemnes y los tiempos litúrgicos—todo transmitido a través de las generaciones como una forma de desarrollar disciplina hacia la santidad que se manifiesta en la virtud. No son simplemente cosas que se tienen que hacer con una actitud perfeccionista. Son formas de caminar en la vida de Cristo, esperando en Él y agradecidas por Su misericordia.

El genio femenino anhela compañía, amistad e intimidad (física, emocional o espiritual). A través de estas relaciones podemos magnificar al Señor como lo hizo María. Podemos llevar a Jesús a otros con nuestra forma de vida. Aunque, lamentablemente, el enemigo trata de seducirnos para apartarnos de las buenas intenciones de Dios para las relaciones y para que nos apeguemos desordenadamente a las opiniones de los demás o a sus valores, que cambian con los tiempos. Aún cuando nos esforzamos en no dejar que las opiniones mundanas influyan nuestro comportamiento, la realidad es que los ataques espirituales a menudo tratan de convencernos que no somos lo suficientemente buenas, no tenemos lo suficiente, o que no somos amadas. Tal vez hasta empezamos a preguntarnos si estamos locas por defender las Verdades antiguas que otros dicen que son anticuadas.

Hermanas, esas son mentiras. ¡Dios nos creó buenas, tenemos suficiente en Él y somos amadas sin medida! ¡No se dejen seducir por las tradiciones humanas; pero aférrense a la Tradición Sagrada, abunden en acción de gracias!

Reflexión: ¿Alguna vez se ha asentado la tibieza en tu alma? ¿Lo has aceptado con complacencia? ¿Cómo intentas huir de eso? Cuando analizas tu vida, ¿notas si la virtud está creciendo? ¿Cuál práctica litúrgica puedes adaptar en tu casa? ¿Qué tan consciente eres de la celebración de la vida de los Santos en el calendario de la iglesia? Encuentra formas de vida que incrementen tu habilidad de practicar la gratitud por la Tradición.

DÍA 19: La oración como virtud será un tema para después; pero por ahora, podemos meditar sobre la conexión entre oración y gratitud. Como aún estamos en la tierra, la oración es nuestra mejor forma de comunicarle nuestro agradecimiento a Dios.

> CIC 2098: "Los actos de fe, esperanza y caridad que ordena el primer mandamiento se realizan en la oración. La elevación del espíritu hacia Dios es una expresión de nuestra adoración a Dios: oración de alabanza y de acción de gracias, de intercesión y de súplica. La oración es una condición indispensable para poder obedecer los mandamientos de Dios. "Es preciso orar siempre sin desfallecer" (Lc 18, 1).
>
> "¿Viendo el sol, la luna y las estrellas, me dije a mi misma: quién puede ser el maestro de estas cosas bellas? Y sentí un gran deseo de verlo, de conocerlo y de rendirle homenaje..."
> –Sta. Josefina Bakhita

¿Cuál es nuestra intención cuando rezamos? ¿Buscamos respuestas, pedimos por ciertos deseos? Ninguno es necesariamente malo, porque Jesús nos dice que busquen, toquen, y pidan (Mateo 7) —pero el propósito de la oración es formar una relación con Dios. Nuestras oraciones deben expresar nuestro deseo de estar con Dios, por el simple hecho de estar con Él. La gratitud *es* una oración; y la oración debe ser de gratitud. Es en realidad la forma más elevada de orar porque nos permite descansar, sobre todo de forma-intangible, sobre el pecho de Cristo como su Discípulo Amado lo hizo en la Última Cena. Simplemente nos encontramos contemplando la bondad de Dios y habitando en la gratitud por sus deseos amorosos para nosotras.

Dios *nos creó* y nosotras tenemos un deseo intrínseco de estar con Él, que tiene como interés nuestra propia existencia. Cuanto más nos acercamos a Él, más queremos hacer Su voluntad porque reconocemos que Él nos ama. Esto no hace la mortificación más fácil—a menudo puede ser más difícil en ciertas áreas mientras Dios nos refina y el enemigo trabaja más fuerte para tentarnos—pero hace que estemos más dispuestas al deseo del fruto que produce. Cuando abrimos espacio en nuestra vida física, emocional y espiritual para Dios; damos más espacio a la gratitud y alegría. Nuestras virtudes nos ayudan a alinear nuestra voluntad con la voluntad de Dios. La gratitud nos mantiene con esperanza, la cual le da más fuerza a nuestra relación de confianza con nuestro Padre Celestial.

Reflexión: ¿Cómo va tu compromiso de oración? ¿En qué eres perezosa o procrastinas? ¿Puedes ser más intencional en las maneras de conectarte con el Señor? Empieza un diario de gratitud. ¿Cómo puedes contemplar a Dios? ¿Cómo lo percibes? ¿Qué le puedes ofrecer hoy a Él? Cierra tus ojos e imagínate recostando tu cabeza en Su pecho, Su Sagrado Corazón.

DÍA 20: Evitar el consumo desordenado de conocimientos innecesarios y de los medios de comunicación nos ayuda a estar más tranquilas y más agradecidas. La curiosidad es un vicio cuando caemos en el pecado de la soberbia. Si ni siquiera estamos en posición de corregir a los demás apropiada y caritativamente, no es virtuoso sentarse por allí discutiendo sus defectos.

> "Se buena, ama al Señor, reza por los que no lo conocen. ¡Qué gracia más grande es conocer a Dios!"
> – Sta. Josephine Bakhita

> El Reino que recibimos no se puede conmover; guardemos pues la gracia que nos fue concedida de celebrar el culto que agrada a Dios con todo cariño y respeto.
> – Hebreos 12:28

> Podríamos observar las acciones de otra gente o preguntar sobre ellos, con buenas intenciones, ya sea para el bien de uno mismo—que es con el fin de ser alentado a mejores acciones por las acciones de nuestros vecinos—o por el bien de nuestros vecinos—con el fin de corregirlo, si él hace algo malo, según la regla de la caridad y la obligación de la posición de uno. Esto es digno de elogio, según Hebreos 10:24, "Que cada uno descubra en el ejemplo de los demás nuevos motivos de amar y de hacer el bien." Pero observar las culpas de nuestro vecino con la intención de hacerlos de menos, o privarlos, o tal vez con ningún otro propósito más que molestarlos, es pecado: por lo tanto está escrito (Proverbios 24:15), "Malvado, no espíes la casa del justo, no perturbes su hogar."
> –Santo Tomás de Aquino, *Summa Theologiae* II-II Q 167, a2, r3

En la era de hoy en día con medios sociales constantes, es fácil empantanarse con los problemas—incluso aquellos dentro de la Iglesia. Nos preocupamos de que el mundo no tiene sentido, que la gente está echando todo a perder, o que todo se está cayendo fuera de control. Pero en realidad nosotras tenemos muy poco control sobre la gente, tememos que sus infidelidades, o percibida falta de santidad invadan nuestro camino—el cual ya es bastante difícil sin los obstáculos de los demás. Esto es lo que Satanás quiere. El desea caos y preocupaciones. En lugar de dejar que el diablo continúe distrayéndonos, nos debemos enfocar en nuestra propia santidad y no dejar que los males del mundo nos desvíen de la gratitud a la que Dios nos invita a tener por nuestra vida, nuestra fe y nuestro amor.

Sabemos que Jesucristo triunfó sobre la muerte y que el diablo no predominará sobre las puertas del Cielo. Esto significa que debemos evitar la negatividad, y en cambio, buscar lo bueno en la gente que no creemos que hacen lo correcto. Decir la verdad y amonestar al pecador es necesario, ¿pero acaso no podemos invitar más eficazmente a los demás a una vida de virtud a través de nuestra paz y alegría inquebrantable? Esto será más exitoso, porque la verdad es más fácil de aceptar cuando está rodeada de amor. No deberíamos gastar nuestro valioso tiempo y pensamiento en cuestiones que no podemos hacer nada al respecto. Cuando naturalmente aparezcan, la ruta que debemos tomar es oración y ayuno, en lugar de chismorreos criticones.

Deberíamos esforzarnos por cooperar simplemente con las gracias de los sacramentos instituidos por Cristo, que son nuestra escalera a la salvación. La promesa del cielo está allí para todos; nadie puede quitárnosla, nosotras elegimos aceptar o negar la misericordia ofrecida. ¡Aún cuando pareciera que el sacerdocio se desmorona y los sacramentos no son ofrecidos de la manera normal, Dios siempre nos va a dar todo lo que necesitamos! Ésto va mas allá de nuestro entendimiento, pero Su misericordia y gracia están fuera de lo que podemos ver. ¡Esto es de lo que debemos estar agradecidas! ¡Cada canción que cantamos, cada acción que hacemos, cada paso que damos... esto debe glorificar a Dios! Cuando reconocemos nuestra idolatría mundana, cuando vemos nuestros pecados, nos arrastramos de nuevo hacia el Señor pidiéndole perdón y entonces caminamos derechas en gratitud por Su misericordia. Viviendo este tipo de vida; magnificando al Señor de esta manera; cambiaremos al mundo.

Reflexión: ¿Qué significa vivir tu vida para la mayor gloria de Dios? ¿Estás dejando que entre algo en tu mente que te distrae y que no tiene ningún propósito? ¿De qué estás agradecida hoy, aunque el mundo diga que es negativo/ difícil / triste / incómodo?

DÍA 21: Nuestra habilidad de ofrecerle a Dios un sacrificio de alabanza y misericordia se encuentra en estar agradecidas por Su misericordia. Hacemos un verdadero sacrificio cuando nos aferramos a Él, en lugar de tratar los bienes creados como dioses.

> CIC 2099: Es justo ofrecer a Dios sacrificios en señal de adoración y de gratitud, de súplica y de comunión: "Verdadero sacrificio es toda obra que se hace con el fin de unirnos a Dios en santa compañía, es decir, relacionada con el fin del bien, merced al cual podemos ser verdaderamente felices" (San Agustín, De civitate Dei, 10, 6).
>
> 2100: El sacrificio exterior, para ser auténtico, debe ser expresión del sacrificio espiritual. "Mi sacrificio es un espíritu contrito..." (Sal 51: 19). Los profetas de la Antigua Alianza denunciaron con frecuencia los sacrificios hechos sin participación interior (cf Am 5, 21-25) o sin relación con el amor al prójimo (cf Is 1, 10-20). Jesús recuerda las palabras del profeta Oseas: "Misericordia quiero, mas no sacrificio" (Mt 9, 13; 12, 7; cf Os 6, 6). El único sacrificio perfecto es el que ofreció Cristo en la cruz en ofrenda total al amor del Padre y por nuestra salvación (cf Hb 9, 13-14). Uniéndonos a su sacrificio, podemos hacer de nuestra vida un sacrificio para Dios.

Para aceptar la salvación ofrecida a nosotras por la obra redentora de Cristo en la cruz, tenemos que ser lo bastante humildes para reconocer que sólo Dios es Dios. Tenemos que agradecerle a través de sacrificios ofrecidos en gratitud. Como mujeres no somos llamadas al *sacerdocio ministerial,* pero somos bautizadas con el llamado de sacerdote, profeta y rey. Cumplimos nuestro papel de sacerdote, siguiendo el ejemplo de Cristo y María, cuando ofrecemos sacrificios en nuestra vida diaria. Del pasaje anterior podemos darnos cuenta que Dios quiere un sacrificio de misericordia, alabanza y humildad más que los holocaustos u otras cosas tangibles. El sacrificio misericordioso que Dios nos pide se encuentra en nuestra virtud, en la forma en que lo magnificamos, en la forma en que habitualmente elegimos hacer el bien con alegría a pesar de las dificultes físicas o mentales. ¿Cómo demostramos a los demás un amor desinteresado?

Los hombres son llamados a ofrecer sacrificio de una manera propia y única (especialmente los hombres que son sacerdotes en el altar), y nosotras, las mujeres, en nuestra naturaleza complementaria. El trabajo que hacemos practicando la virtud es tangible a través de nuestro genio de la maternidad. Ya sea espiritual o físico, somos madres nutriendo Su vida en los demás. Siendo sensibles a las necesidades de los que están alrededor nuestro, nos damos cuenta de cuando la gente necesita un descanso de la dureza de los demás. Debemos dejar de exigir lo que queremos, cuando lo queremos y apegarnos a nuestras propias ideas rígidas de cómo deben de ser las cosas: cuánto debe durar una cita, que tan rápida debe ser la secretaria, o que tan rápido debe de resolver un problema de matemáticas un niño que está aprendiendo. Debemos ser agradecidas por los que están al frente de nosotras, porque Dios creyó digno que estuvieran en nuestro camino ese momento. Que benditas somos de *poder* dejar que la luz de Cristo brille de nosotras hacia el mundo como tabernáculos del Espíritu Santo.

Cuando podríamos atacar o castigar severamente, cuando podríamos tirar la puerta e irnos bruscamente, Dios nos pide que mostremos misericordia. Misericordia es más que justicia; va mas allá de lo que es *justo*. ¿Cómo es que Él nos demuestra misericordia cuando nos merecemos que nos "aviente la puerta" o ausentándose por nuestros pecados?

Reflexión: ¿Todavía sigues apegándote a ciertas ataduras mundanas? ¿Cómo te unes a Dios en la "comunión de santidad?" ¿Estás agradecida por el sacramento de la confesión? Lee los capítulos 4 y 5 de *Lumen Gentium* para saber más de las enseñanzas de la Iglesia sobre el ofrecimiento de los laicos y de la manera que estamos llamadas a la santidad – lo puedes encontrar en el sitio de internet del Vaticano.

Magnanimidad

DÍA 22: Al entrar a la semana de la magnanimidad como nuestro tema, vamos a empezar con su definición en el Diccionario Católico (Fr. P. Stravinskas, OSV 2002) para ayudarnos a entender el significado de esta virtud. ***Magnanimidad: La virtud que permite que uno realice una acción moralmente buena y sobresaliente y no para que lo reconozcan sino por el amor a Dios y al prójimo. La prudencia dirige a la magnanimidad, la cual apoya la virtud cardinal de la fortaleza. Solamente los que practican las otras virtudes regularmente suelen ser capaces de ser magnánimos.***

> CIC 1804: Las virtudes humanas son actitudes firmes, disposiciones estables, perfecciones habituales del entendimiento y de la voluntad que regulan nuestros actos, ordenan nuestras pasiones y guían nuestra conducta según la razón y la fe. Proporcionan facilidad, dominio y gozo para llevar una vida moralmente buena. El hombre virtuoso es el que practica libremente el bien. Las virtudes morales se adquieren mediante las fuerzas humanas. Son los frutos y los gérmenes de los actos moralmente buenos. Disponen todas las potencias del ser humano para armonizarse con el amor divino.

Las virtudes son hábitos de hacer el bien, pero cuanto más las practicamos, más repercute en toda nuestra vida. Se vuelve más fácil hacer el bien alegremente, incluso cuando la vida es difícil o estresante. Debemos esforzarnos conscientemente por hacer cosas buenas y vivir las verdades morales. Cuando lo hacemos, podemos acercarnos más a Dios. Ya que Él es la fuente de todo lo bueno, necesitamos a Dios hasta para poder saber lo que es bueno. Las virtudes que nos permiten acercarnos más a Dios son la fe, la esperanza y la caridad (amor). Estas virtudes teologales nos llenan a través de la oración y la gracia—que por supuesto incluyen los sacramentos. Por ello es tan importante tener una vida diaria de oración, confesión frecuente y la Eucaristía cuando nos esforzamos por llevar una vida virtuosa.

La virtud de la magnanimidad exige corazones purificados con intención y acciones hechas con un amor alegre y desinteresado. El ser magnánima es tener un "alma grande." Una mujer magnánima busca hacer la voluntad de Dios—no importa la gloria o vergüenza que esto le traiga por los estándares del mundo—conociendo la voluntad de Dios es el único camino hacia la santidad. La magnanimidad necesita la práctica de las otras virtudes para resistir la burla de una cultura que ya no valora la fe y las presiones del relativismo.

Una semilla que está germinando, o quizás una flor floreciente, de magnanimidad en nuestra alma nos llevó a leer este libro. La magnanimidad crea en el alma el deseo de **magnificar al Señor**. No queremos ser tibias, no luchamos por ser sólo lo "suficientemente buenas," somos mujeres buscando la gloria completa de Dios.

Sin embargo cuántas veces vacilamos entre sentirnos inadecuadas y no calificadas como para tener que hacer todas las cosas y ayudar a toda la gente. ¡Ninguna de éstas es verdad! Una mujer verdaderamente magnánima *sabe* la fuente de todo lo bueno y sólo por amor a Dios es que lucha con confianza por usar los dones que se le han dado ni menos ni más. Ánimo hermana, que hacer cosas excelentes no siempre significa hacer cosas *grandes*.

Los logros mundanos, la aprobación temporal y el honor humano no son las metas que perseguimos; pero si Dios nos permite tener esas cosas, la forma heroica de cómo las usemos es trayendo a los demás hacia Su amor a través de ellas. Nuestras buenas obras son sólo para la gloria de Dios. Verdaderamente, nuestra 'grandeza' está basada en el mandamiento de amar a Dios con todo nuestro ser y amar a nuestro prójimo como a uno mismo.

Reflexión: ¿Qué tipo de esfuerzo has ejercido en el pasado para obtener virtudes humanas? ¿Tienes más hábitos que te ayudan o lastiman buscando el camino a la santidad? ¿Qué tipo de esfuerzos estás incluyendo en estos 90 días? ¿A medida que te desprendes de las cosas mundanas, sientes la libertad de recibir el amor Divino más abiertamente?

DÍA 23: La vida de la Madre Teresa es un ejemplo moderno de un alma magnánima. Ella era humilde y audaz a la vez. Ella hizo lo heroico para dar gloria a Dios y no a ella misma.

> "Dios no me llamó para ser exitosa. Dios me llamó para ser fiel." – Sta. Teresa de Calcutta (Leo Maasburg. *Teresa de Calcutta: Un Retrato Personal* (2015) Ignatius)
>
> "Haz que nos demos cuenta de que sólo con la muerte frecuente de nosotras mismas y de nuestros deseos egocéntricos podemos llegar a vivir más plenamente; porque sólo muriendo contigo podemos resucitar contigo." –Sta. Teresa de Calcutta (Jean Maalouf, editor. *Madre Teresa: Escrituras Esenciales* (2001) Orbis)
>
> "Estamos a Su disposición. Si Él quiere que estés enferma en cama, si Él quiere que proclames Su palabra en la calle, si Él quiere que limpies los baños todo el día, está bien, todo está bien. Debemos decir, "Yo te pertenezco. Puedes hacer lo que quieras." Ésta es nuestra fuerza y ésta es la alegría del Señor." –St. Teresa de Calcutta (Jean Maalouf, editor. *Madre Teresa: Escrituras Esenciales* (2001) Orbis)

La magnanimidad es vivir una vida llena de virtud, en medio de los desafíos, con la esperanza de encontrarnos con Cristo más plenamente. Nos llama también a practicar la fortaleza debido a esos desafíos. La fortaleza es una fuerza para hacer el bien en medio de la maldad y requiere que practiquemos nuestro compromiso a la voluntad de Dios, aunque sea difícil. En un caso extremo, nos daría la virtud heroica necesaria para ser mártir. Debido a que la mayoría de nosotras que estamos leyendo esto probablemente no estamos llamadas al martirio, la magnanimidad es vivir un pequeño *martirio* diario. Morir a sí mismo, para ser libres de proclamar, por nuestro simple vivir, de que Dios es todo Bueno y merecedor de todo nuestro amor y devoción. En nuestra práctica actual de mortificación/auto negación estamos tratando de superar las ataduras que nos mantienen centradas en nosotras mismas. Nos apoyamos en la gracia de Dios para volvernos más y más desprendidas, como Sta. Teresa de Calcutta, que buscaba magnificar al Señor en su trabajo con los pobres, enfermos y marginados de la India.

¿Cómo se vería nuestra 'gran alma' cuando se vive con sencillez? Son las elecciones pequeñas, pero virtuosas que se hacen cada día. Nos despertamos cuando nuestra alarma suena. Preguntamos a alguien cómo está, en lugar de quejarnos sobre nuestro día. Mantenemos nuestras quejas triviales para nosotras mismas cuando es más edificante mostrar misericordia. Empacamos las loncheras cuando los niños se olvidan, una vez más, haciéndolo alegremente. Vamos a la misa diariamente incluso cuando parece inconveniente. Estamos al pendiente de nuestra vecina que vive sola. Lavamos la losa/trastes en la casa en la que somos huéspedes. Cambiamos 15 pañales con una sonrisa amorosa. Detenemos las habladurías en el momento. Invitamos a otros a sentarse con nosotras. Ayudamos a una persona de edad avanzada con su carrito de compras en la tienda. Ayudamos a repartir comida a los pobres y les dirigimos la palabra, reconociendo su dignidad. Corregimos a un niño con misericordia y firmeza, en lugar de hacerlo con ira. Aprovechamos el poco tiempo que pasamos con los desconocidos para alegrarles su día de cualquier manera. Estar hecho para grandeza no significa hacer una "caridad" digna de ser publicada sino tomar lo que Dios nos ha dado y usarlo para lo que Él quiera (aunque a veces puede aparecer en los titulares).

En el transcurso de las últimas semanas, hemos estado rezando como María, reconociendo que somos *ancilla domini* – las siervas del Señor. Cuando estamos en relación con Dios a través de la oración y los sacramentos, podemos escuchar de qué manera Él quiere usarnos. Es allí cuando la magnanimidad nos motiva a ser audaces para hacerlo, a pesar de las dificultades que nos pueda causar, porque lo hacemos para Él. Podremos "perder" dinero, poder, prestigio e incluso, a veces, hasta relaciones. Dios nunca nos prometió una vida fácil en la Tierra, pero si es Su voluntad, vale la pena. El cielo es nuestra meta y esto nos hace vivir de una cierta manera.

Reflexión: ¿Ves tu vida entera como una forma de traer gloria a Dios? ¿Qué dones y tiempo tienes que no están siendo dirigidos a un fin santo? ¿Qué distracciones en tu vida te están previniendo de vivir magnánimamente? Decide hacer algo pequeño hoy con un alma grande.

DÍA 24: Practicar la virtud es una elección. Es un consentimiento a la Verdad. Debemos continuar escalando la montaña de la virtud, nunca conformarnos o pensar que ya hemos llegado. Seguimos limando las asperezas de nuestras almas, junto con Dios, para que lo único que quede al final de nuestras vidas sea el mejor yo que podemos ofrecerle a nuestro Creador.

> CIC 1803: "Todo cuanto hay de verdadero, de noble, de justo, de puro, de amable, de honorable, todo cuanto sea virtud y cosa digna de elogio, todo eso tenedlo en cuenta" (Flp 4, 8). La virtud es una disposición habitual y firme a hacer el bien. Permite a la persona no sólo realizar actos buenos, sino dar lo mejor de sí misma. Con todas sus fuerzas sensibles y espirituales, la persona virtuosa tiende hacia el bien, lo busca y lo elige a través de acciones concretas. "El objetivo de una vida virtuosa consiste en llegar a ser semejante a Dios (San Gregorio de Nisa, De beatitudinibus, oratio 1)."

El deseo de pensar en lo verdadero, honorable, justo, puro, lo bello, lo gracioso y excelente viene de Dios. Con tantas ataduras removidas durante estos 90 días, hay momentos de silencio para sentir el aliento del Espíritu Santo que sopla en nuestras almas. También debemos darle más tiempo a los sacramentos, donde realmente nos encontramos con Cristo y recibimos la gracia actual. Lo que hacíamos espiritualmente antes de *Magnificaré 90* no debe ser lo que estamos haciendo ahora. Aún cuando éramos muy devotas o tratábamos de determinar nuestro nivel de aceptación de en todo el tema católico, el esfuerzo que estamos poniendo en nuestra relación con Dios debe seguir aumentando. Todas aún tenemos trabajo por hacer, dando pequeños pasos para engrandecer nuestras almas.

Lee un nuevo libro espiritual o un salmo al día. Retoma la lectura del Oficio Divino. Escucha la homilía en línea/internet. Apúntate para otra Hora Santa. Lee sobre un santo nuevo para ti. Anda a misa otro día más de la semana. Llama en lugar de mandar un mensaje de texto para saludar a un miembro de la familia. Envía una carta de gratitud a una religiosa. Haz tiempo y espacio para estar en calma. Las cosas pequeñas también son heroicas, cuando las hacemos para la gloria de Dios. Ésto nos ayudará a superarnos y terminaremos estando más alegres en los quehaceres enfadosos, sufrimientos duros y trabajo exhausto. Las virtudes requieren práctica y la grandeza del alma requiere la mayor práctica. Si la meta que tenemos para nosotras es el cielo; ¡nuestras vidas en la tierra deben reflejarlo! Cuando agregamos prácticas espirituales debemos reconocer el equilibrio necesario en nuestra humanidad y un buen guía o director espiritual nos puede ayudar con este discernimiento. La lucha contra magnanimidad puede llevarnos a dos extremos. Podemos sufrir una especie de "orgullo-inverso" que se disfraza de (falsa) humildad y terminamos siendo *cobardes*. Esto es tener un "alma pequeña" – el tener mucho miedo a confiar en la gracia de Dios. Terminamos siendo tibios e indiferentes a las formas en que debemos traer gloria a Dios. Tal vez pensamos que nuestras vidas pequeñas en nuestros pequeños pueblos no importan. Podemos sentir ansiedad hablar sobre la verdad de Dios o crear razones por las que estamos muy ocupadas para ayudar con un ministerio, cuando en realidad el miedo es el que está manejando la decisión. Podemos sentirnos demasiado cohibidos de usar un artículo religioso pequeño en el trabajo, de evitar comer carne el viernes en un almuerzo comprado en la oficina, o pedirles a los demás que recen con nosotras antes de una comida en un restaurante. Pero nosotras nos sentimos llamadas a hacer estas cosas; deja que la magnanimidad triunfe; ¡aunque sean pequeñas, son geniales!

El lado opuesto del espectro nos puede encontrar aceptando todas las cosas honorables con la mentalidad de que *debemos y tenemos* que hacerlo todo, viendo nuestra humanidad como ilimitada. Podemos parecer magnánimas, pero en realidad estamos sufriendo de vanidad y orgullo. Podemos apuntarnos a hornear 300 mini-quiches para un refugio y terminar trabajando en ellos hasta las 2 am y estar propensas a enojarnos con nuestro cónyuge al día siguiente por el cansancio. Podemos terminar liderando otro estudio Mariano porque sentimos que sabemos mucho sobre María, sin embargo, nos distrae de nuestro otro compromiso con el coro. Tal vez invitamos a amigas a una noche social semanal de mujeres de fe, aunque interfiera con la clase de educación religiosa para la familia. Muy a menudo, la vanagloria es muy astuta. Pensamos que estamos haciendo algo bueno para Dios, pero hemos descuidado la prudencia y acabamos por encima de nuestras posibilidades cuando, en primer lugar, puede que nunca haya sido Su perfecta voluntad. La prudencia debe dirigir a la magnanimidad.

Reflexión: ¿Cómo equilibras la audacia con la prudencia? ¿Cómo puedes participar más plenamente al llamado de Dios para magnificarlo? ¿Cómo puedes seguir convirtiéndote en quien Dios ha creado que seas?

DÍA 25: Vamos a continuar en nuestra reflexión sobre la espiritualidad altruista de la Madre Teresa como inspiración nuestra.

> "Nunca se preocupen por los números. Ayude a una persona a la vez y siempre empiece con la persona más cerca de usted." –Sta. Teresa de Calcutta (Chris Stewart & Tony Brandt. *Echando Redes: Aumenta tu Fe Compartiendo tu Fe* (2015) Nuestro visitante del Domingo)
>
> Citan a menudo a la Madre Teresa diciendo que 'para cambiar el mundo debes ir a casa y amar a tu familia.' Lo que realmente dijo en su discurso de aceptación del Premio Nobel a la Paz fue: "...empezaremos a amar. Y amaremos naturalmente, trataremos de hacer algo. Primero en nuestra casa, luego al vecino, enseguida en el país en que vivimos, en todo el mundo." (Madre Teresa –*Discurso de Aceptación*
> https://www.nobelprize.org/prizes/peace/1979/teresa/26200-mother-teresa-acceptance-speech-1979/)
>
> Al día siguiente dijo en una conferencia:
> "Y aquí estoy hablando con usted – Quiero que vaya y encuentre a los pobres aquí, primero en su propia casa. Y empiece a amar allí. Sea esa buena noticia para los tuyos. ¿Y averigüe sobre su vecino de al lado– Sabe quiénes son? ... Porque yo creo que el amor empieza por casa y si podemos crear una casa para los pobres – pienso que el amor se va a esparcir más y más. Y podremos, a través de este amor comprensivo, traer la paz, y ser la buena noticia para el pobre. Primero el pobre en nuestra propia familia, en nuestro país y en el mundo." (Madre Teresa – *Conferencia Nobel.*
> https://www.nobelprize.org/prizes/peace/1979/teresa/lecture/)

Lo que quiere decir Sta. Teresa es que el amor debe empezar en casa, con la gente que está naturalmente a nuestro alrededor, sin embargo, no termina ahí. Nuestra familia son nuestros hermanos y hermanas en Cristo (cf. Mateo 12:46-50). Nuestra familia podría ser efectivamente el mundo entero, pero simplemente no puede ser nuestra misión servir a cada uno de los miles de millones de personas. El punto de Sta. Teresa es que no tenemos que salir del lugar en el que estamos para encontrar a los necesitados del amor de Cristo—aunque *deberíamos* hacerlo si la oración nos revela un llamado vocacional a las misiones extranjeras! La forma más simple de traer la luz al mundo es a través del encuentro con los demás en una amistad compasiva y desinteresada—donde quiera que Dios nos llame a ir.

La oscuridad se desvanecerá solamente cuando nos conectemos con la luz de los demás, para que las llamas individuales se unan en fuegos gigantescos sobre la tierra. Cuando buscamos hacer pequeñas acciones con gran amor, la gracia de Dios abunda. Se necesita un ejército de cristianos magnánimos para luchar contra el enemigo.

El genio femenino de la sensibilidad significa que no nos cerramos a las necesidades de los demás, pero no tenemos que ayudar a miles de gentes. Solamente tenemos que amar a la persona que está al frente de nosotras ahorita y mañana y pasado mañana.

Haz la siguiente cosa correcta. El amor es querer el bien del otro. El bien más perfecto es el Cielo, entonces lo que debemos desear es que todos vivan eternamente en la presencia de Dios. Nuestras acciones magnánimas pueden ayudar a otros a que conozcan a Cristo Jesús y el valor que tienen como seres humanos. La alegría que difunde nuestro amor debe ser tan atractiva, que los demás aprendan que ellos también pueden cooperar en la bondad de Dios.

Reflexión: ¿Los conflictos de tiempo suceden, pero si son muy frecuentes, has orado sobre tu ajetreo y si Dios te está invitando a pasar algún tiempo estando más disponible para los demás? Reflexiona sobre tu presencia en persona con tu familia y cómo influyen las pantallas. ¿Tus prioridades diarias se alinean con el alma magnánima que estás cultivando? ¿Ellas fluyen a través de la oración hacia la acción?

DÍA 26: La Madre Teresa escribió una oración para la consagración Mariana que bellamente nos recuerda la perfección de virtud de la Santísima Virgen María. ¡Cuando buscamos engrandecer al Señor, su intercesión es vital!

> "María, yo dependo totalmente de ti como un niño de su madre, y que a cambio tú me poseas, me protejas y me transformes en Jesús. Que la luz de tu fe disperse la oscuridad de mi mente; que tu humildad profunda tome el lugar de mi orgullo; que tu contemplación reemplace las distracciones de mi imaginación errante; y que tus virtudes tomen el lugar de mis pecados.
> Condúceme a profundizar en el misterio de la cruz para que puedas compartir conmigo tu experiencia de la sed de Jesús.
> Oh corazón más puro de María, permíteme entrar a tu corazón, para compartir tu vida interior. Tú ves y conoces mis necesidades, ayúdame a hacer "todo lo que Jesús me diga"... que mis necesidades humanas se conviertan en sed de sólo Dios. Deseo descubrir, saciar y proclamar la sed de Jesús, pero conozco muy bien mis debilidades, mi nulidad y mi pecado. Madre, que esta consagración de alianza contigo sea la fuerza escondida en mi vida y que yo sea instrumento para saciar a tu Hijo plenamente. Permite que ésta sea mi única alegría...y tú serás la causa de esa alegría." –St. Teresa de Calcuta (Madre Teresa. Angelo D. Scolozzi, editor. Sediento *de Dios* (2017) Servidor)
>
> CIC 970: La misión maternal de María para con los hombres de ninguna manera disminuye o hace sombra a la única mediación de Cristo, sino que manifiesta su eficacia. En efecto, todo el influjo de la Santísima Virgen en la salvación de los hombres [...] brota de la sobreabundancia de los méritos de Cristo, se apoya en su mediación, depende totalmente de ella y de ella saca toda su eficacia" (LG 60). "Ninguna criatura puede ser puesta nunca en el mismo orden con el Verbo Encarnado y Redentor. Pero, así como en el sacerdocio de Cristo participan de diversas maneras tanto los ministros como el pueblo fiel, y así como la única bondad de Dios se difunde realmente en las criaturas de distintas maneras, así también la única mediación del Redentor no excluye, sino que suscita en las criaturas una colaboración diversa que participa de la única fuente" (LG 62).

Una de las cosas que los Católicos tienen que defender a menudo es nuestra devoción a María. Los que no son Católicos pueden pensar que nosotros la adoramos o pensamos que ella es igual que Dios. O tal vez tengan problemas con la base sobrenatural de que María sea *nuestra* madre. Nuestras oraciones pueden ser para que esos ojos se abran a lo que la Tradición y Escrituras Sagradas nos enseñan sobre María. ¡Ella es la nueva arca de la alianza; porque fue el arca de la alianza la que trajo la presencia del Señor a la Tierra y su cuerpo llevó a Jesús! Los seguidores de Cristo deben de tener a María en una alta estima por muchas razones, incluyendo que ella es la reina del cielo de la que se habla en Apocalipsis 12. Se le llama la Esposa del Espíritu Santo porque es a través de la unión del Espíritu Santo que ella concibió a Jesucristo. Cristo es el Rey y ella como su Madre, es nuestra Reina Madre—señalándonos hacia Él trayendo nuestras intenciones a Él. Por lo tanto, ella es la Madre de la Iglesia, el Cuerpo de Cristo y merecedora de nuestra devoción.

En la cruz Jesús dió a María, a través de Juan, a todos los apóstoles como su madre. Debido a la relación que ella tiene con su Divino Hijo y el Espíritu Santo, ella siempre nos señala hacia Dios. Amar a María, pedir sus oraciones, meditar sobre su vida y confiar en ella para que distribuya nuestras ofrendas de sacrificio es una relación apropiada entre los hijos y su madre.

María es la luna, que refleja la luz del Hijo, nunca brilla por su propia luz. En nuestro caminar de *Magnificaré 90*, tratamos de imitar el Magnificat de María, dejando que nuestras almas proclamen la grandeza de Dios. Si estamos inseguras de cómo actuar en una situación, podemos pensar, "¿Cómo María le respondería a Dios?" Y antes de contestar esta pregunta debemos conocer su vida muy bien. Por ello es que el Rosario es un rezo tan hermoso. Meditando frecuentemente en la vida de Jesús junto a María, entendemos más profundamente la virtud y la piedad. Ella nos pide también que lo recemos a diario para la conversión del mundo.

La Bendita Virgen María no pidió ser la madre del Verbo Encarnado; sin embargo, con su consentimiento, el poder del Espíritu Santo vino sobre ella y la plenitud de Dios la llenó. Así, es en nuestras propias vidas, debemos remover los obstáculos que nos impiden decir sí al Espíritu Santo. Usando la oración de consagración a María de la Madre Teresa nosotras también podemos pedirle a María que nos tome bajo su protección, y hacer nuestra, su perfección de virtud.

Reflexión: ¿Has orado para que la plenitud de Dios te llene? ¿Dónde puedes reconocer que el poder que actúa en ti es de Dios y que es posible incluso más de lo que te imaginas? Busca algunos títulos de María, como por ejemplo en la Letanía de Loreto y encuentra el que más te hable. Considera leer CIC 963-975 para una enseñanza más completa sobre la relación de la Iglesia con María.

DÍA 27: La parábola de los talentos es un muy buen ejemplo de la magnanimidad contra la pusilanimidad.

> [...] El Reino de los Cielos es como un hombre que, al partir a tierras lejanas, reunió a sus servidores y les encargó sus pertenencias. Al primero le dio cinco talentos de oro; a otro le dio dos; y al tercero, solamente uno; a cada uno según su capacidad, e inmediatamente se marchó. El que recibió los cinco hizo negocios con el dinero y ganó otros cinco. El que recibió dos hizo otro tanto, y ganó otros dos. Pero el que recibió uno hizo un hoyo en la tierra y escondió el dinero de su patrón. Después de mucho tiempo volvió el señor de esos servidores y les pidió cuentas. El que había recibido cinco talentos le presentó otros cinco, diciéndole: "Señor, usted me confío cinco; tengo además otros cinco que gane con ellos." El patrón le contestó: "Muy bien, servidor bueno y honrado; ya que has sido fiel en lo poco, yo te voy a confiar mucho más. Ven a compartir la alegría de tu Señor." Llegó después el que tenía dos, y dijo: "Señor, aquí está lo que me confío; traigo además otros dos que gané con ellos." El patrón le dijo: "Muy bien, servidor bueno y honrado; ya que has sido fiel en lo poco, yo te confiaré mucho más. Ven a compartir la alegría de tu Señor." Por último, vino el que había recibido un talento, y le dijo: "Señor, yo sé que eres un hombre exigente, que quieres cosechar donde no has sembrado y recoger donde no has trillado. Por eso yo tuve miedo y escondí en tierra tu dinero; aquí tienes lo tuyo." Pero su patrón le contestó: "Servidor malo y flojo, tú sabías que cosecho donde no he plantado y recojo donde no he sembrado. Por eso mismo debías haber colocado mi dinero en el banco y a mi vuelta me lo hubieras entregado con los intereses. Quítenle, pues, el talento y entréguenselo al que tiene diez. Porque al que tiene se le dará y tendrá en abundancia, pero al que no tiene se le quitará hasta lo que tiene. Y a ese servidor inútil échenlo a la oscuridad de allá afuera: allí habrá llanto y desesperación." -Mateo 25: 14-30

Piensa en un talento como un regalo de Dios, especialmente el regalo del amor que nos da para compartir. Dios nos ha pedido que *hagamos* algo con ese amor. Él no quiere que tengamos el amor—y subsecuentemente la vida, gracia y misericordia—para guardarlo para nosotras mismas, oculto a los demás. Cuando reconocemos los regalos que nos han dado, debemos cultivarlos intencional y responsablemente. Esto es practicar la virtud. Ya no tenemos ninguna excusa para vivir una vida de 'alma pequeña', no podemos alegar ignorancia. Estamos aprendiendo más sobre las virtudes que nos ayudan a contestar el llamado a magnificar al Señor y cuidar los talentos de nuestro Señor como sus administradores. No nos conformemos con la mentalidad de que lo bueno es suficiente.

Para poder 'multiplicar' nuestros talentos, tenemos que invertir tiempo y energía. El ultimo servidor que enterró su talento tiene un alma pequeña porque tiene mucho miedo o es flojo, egoísta o tímido, para magnificar lo que su amo le dió. No actúa sobre el hecho de que es llamado para un propósito más grande que cero pérdidas. Incluso si se le confía sólo una pequeña cantidad, eso no importa; importa lo que hace con lo que se le da. Y, de hecho, el amo en la parábola estuvo contento con los servidores que hicieron bien las cosas pequeñas. Le dió gusto y les confió más responsabilidades. Así es cuando nosotras hemos recibido un regalo del Espíritu Santo y dejamos que alimente nuestras virtudes. Las ponemos en práctica y las multiplicamos. Entonces el Señor nos confía más y más y somos capaces de ser magnánimas.

Debemos perseverar, incluso cuando no vemos los frutos de nuestra magnanimidad, ¡debemos mantener la esperanza! La esperanza es vital para la magnanimidad; ¡esperanza de que cuando el Señor regrese, nos llamará servidora buena y fiel!

Reflexión: ¿Cómo ayuda la esperanza a tus elecciones de cada día? ¿Qué talentos, bendiciones y dones de Dios has "multiplicado" y cuáles has dejado de cultivar? ¿Has perdido la esperanza de que no crezcan? ¿Cómo sucedió eso y cómo puedes ser fiel en las cosas pequeñas?

DÍA 28: Cuando le prometemos algo a Dios, debemos de cumplir. Claro que no vamos a ser perfectas en ello; pero eso no quiere decir que no tratemos. El continúo levantarse y volver a intentarlo es el ritmo de vida que nos hace Santas.

> CIC 2101: En varias circunstancias, el cristiano es llamado a hacer promesas a Dios. El Bautismo y la Confirmación, el Matrimonio y la Ordenación las exigen siempre. Por devoción personal, el cristiano puede también prometer a Dios un acto, una oración, una limosna, una peregrinación, etc. La fidelidad a las promesas hechas a Dios es una manifestación de respeto a la Majestad divina y de amor hacia el Dios fiel.

> Tres veces rogué al Señor que lo alejara de mí, pero me respondió: "Te basta mi gracia; mi fuerza actúa mejor donde hay debilidad". Con todo gusto, pues, me alabaré de mis debilidades para que habite en mí la fuerza de Cristo. Y por eso me alegro cuando me atacan enfermedades, humillaciones, necesidades, persecuciones y angustias por Cristo. Cuando me siento débil, entonces soy fuerte. –2 Corintios 12: 8-10

Estamos casi a un tercio de nuestro recorrer nuestra jornada de los 90-días y, sin embargo, continúa la difícil batalla contra nuestras ataduras. Tal vez necesitamos renovar nuestra promesa a Dios y a nosotras mismas. Nos adentramos en este desierto para recordarnos para qué es nuestra vida: fuimos creadas para vivir como Santas: haciendo la voluntad del Padre.

Magnificaré 90 es una devoción personal y confiamos que el Espíritu Santo nos llamó a esta experiencia. Tratemos de ser inquebrantables en nuestro propósito de crecer en santidad. No permitas que una debilidad te cause ansiedad, mejor aún, ofrécela como un sacrificio al Señor al mismo tiempo de seguir intentándolo, deja que Él te perfeccione. Cuando caemos, hay que agradecer por la oportunidad de mantenernos humildes, pedirle a Dios que nos dé fuerzas para seguir adelante.

Como el pasaje del catecismo lo explica, hacemos promesas a Dios por amor y respeto, esto refleja nuestra magnanimidad. No es pecado cometer un desliz en las 'reglas' de *Magnificaré 90*, pero cada día debemos esforzarnos por terminar bien la tarea. Dios puede usar la debilidad para hacer el bien. La razón por la que empezamos estudiando la humildad es porque era necesario para prevenir que formáramos nuestra propia versión de la perfección. La humildad nos hace recordar que sin Dios no somos nada y que no podemos hacer nada bueno, porque Él es la fuente de todo lo bueno.

El perfeccionismo espiritual legalista es también una verdadera tentación, pero se puede contrarrestar con un examen de conciencia diario y oraciones de adoración, gratitud, súplica y contrición. Nuestras debilidades dan gloria a Dios porque cuando se las devolvemos a Él, pidiéndole la gracia de hacerlo mejor la próxima vez, estamos asintiendo a la verdad de que Él es el único suficientemente poderoso para hacernos perfectas. Nosotras no podemos hacerlo todo, recuerda que eso *no es* parte de la magnanimidad.

Reflexión: ¿Alguna vez has batallado con el perfeccionismo? ¿Te ha sucedido que dejando de lado tus propias ideas sobre cómo debería ser algo ha resultado ser lo que más te acerca a ser una santa? ¿Qué fue lo más difícil de abandonar esta semana? ¿Cómo te asomas al desierto y encuentras la alegría a través de la oración, los sacrificios y la relación con los demás?

Docilidad

DÍA 29: Esta semana nos enfocamos en la docilidad; que, en términos simples, es estar dispuestas a ser enseñadas.

> CIC 89: Existe un vínculo orgánico entre nuestra vida espiritual y los dogmas. Los dogmas son luces que iluminan el camino de nuestra fe y lo hacen seguro. De modo inverso, si nuestra vida es recta, nuestra inteligencia y nuestro corazón estarán abiertos para acoger la luz de los dogmas de la fe (cf. Jn 8,31-32).
>
> 96: Lo que Cristo confió a los Apóstoles, éstos lo transmitieron por su predicación y por escrito, bajo la inspiración del Espíritu Santo, a todas las generaciones hasta el retorno glorioso de Cristo.
>
> 97: «La santa Tradición y la sagrada Escritura constituyen un único depósito sagrado de la palabra de Dios» (DV 10), en el cual, como en un espejo, la Iglesia peregrinante contempla a Dios, fuente de todas sus riquezas.
>
> 98: «La Iglesia con su enseñanza, su vida, su culto, conserva y transmite a todas las edades lo que ella es, todo lo que cree" (DV 8).
>
> "Si buscamos a Dios en todas partes, lo encontraremos en todas partes." -Santa Juana Francisca de Chantal

Ser dócil a menudo transmite una debilidad en el mundo secular de hoy. Muchas de nosotras podemos verla como una palabra opresiva porque a menudo se la interpreta como ser obediente al punto de no tener convicciones—tal como "dejar que la gente nos pisotee." pero en su definición pura, ser dócil significa "la disposición a dejarse enseñar." Viene del Latín *docere* que significa enseñar; y se deduce que un doctor es el que enseña y la doctrina es lo que él/ella enseña. Los dogmas son enseñanzas solidificadas y se conectan a *docere* a través de Griego *dokein* (significado: parece bueno o supone, piensa o acepta) y *doxa* (significado: creencia común).

Una persona dócil está dispuesta a aprender de un maestro. Jesús, nuestro Maestro Divino, pasó la habilidad de enseñar a Sus apóstoles y ellos también tuvieron la habilidad de seguir transmitiendo esa autoridad de enseñanza más adelante debido al Espíritu Santo. La palabra de Dios está registrada en las Sagradas Escrituras y se interpreta a través de la autoridad de la Iglesia Católica por la Tradición Sagrada. Por la naturaleza de nuestro bautismo en el Cuerpo de Cristo y los dones del Espíritu Santo, somos llamadas a ser maestras, pero también a ser enseñables.

La docilidad une nuestra espiritualidad con nuestro intelecto. Para hacer la conexión entre nuestra cabeza y nuestro corazón requiere que seamos enseñables. Es parte de la prudencia y practicar la prudencia requiere que reunamos información, que recordemos nuestros propios recuerdos, que busquemos consejos, que aprendamos de maestros de confianza y que hagamos, en oración, la mejor elección con lo que hemos aprendido en el discernimiento.

Cuando practicamos las virtudes humanas como parte de nuestra espiritualidad de genio femenino, la docilidad se encuentra en la receptividad. A través de nuestra docilidad, vemos que Dios nos quiere dar más regalos de los que podríamos imaginar. Él desea que recibamos una mayor participación en Su Vida Divina. Para cultivar la docilidad, necesitamos fe, necesitamos confiar en Dios. La fe es un regalo de Dios, nosotras simplemente lo recibimos, pero podemos profundizar nuestra vida interior a través de hábitos y practica que nos hacen más abiertas a las indicaciones del Espíritu Santo. Las virtudes también nos ayudan a ser dóciles a las enseñanzas de la Iglesia.

Reflexión: ¿De quién estás aprendiendo y qué estás aprendiendo? ¿Antes de *Magnificaré 90* qué tipo de medios de comunicación o influencias humanas dejabas entrar en tu mente y en tu corazón? ¿Aún siguen entrando? ¿Te enseñan la Verdad; te dan fe? Reza por la docilidad aún cuando es difícil desprenderse de los deseos mundanos—entonces serás capaz de conocer la Verdad y seguir a la Verdad.

DÍA 30: Reflexiona en este pasaje del gran promotor del genio femenino, el Papa San Juan Pablo II, recordando cómo todos los cristianos debemos ser dóciles para conocer nuestra identidad y nuestra misión en Cristo.

> Esta espiritualidad se expresa, ante todo, viviendo con plena docilidad al Espíritu; ella compromete a dejarse plasmar interiormente por él, para hacerse cada vez más semejantes a Cristo. No se puede dar testimonio de Cristo sin reflejar su imagen, la cual se hace viva en nosotros por la gracia y por obra del Espíritu. La docilidad al Espíritu compromete además a acoger los dones de fortaleza y discernimiento, que son rasgos esenciales de la espiritualidad misionera.
>
> Es emblemático el caso de los Apóstoles, quienes durante la vida pública del Maestro, no obstante su amor por él y la generosidad de la respuesta a su llamada, se mostraron incapaces de comprender sus palabras y fueron reacios a seguirle en el camino del sufrimiento y de la humillación. El Espíritu los transformará en testigos valientes de Cristo y preclaros anunciadores de su palabra: será el Espíritu quien los conducirá por los caminos arduos y nuevos de la misión, siguiendo sus decisiones.
>
> También la misión sigue siendo difícil y compleja como en el pasado y exige igualmente la valentía y la luz del Espíritu. Vivimos frecuentemente el drama de la primera comunidad cristiana, que veía cómo fuerzas incrédulas y hostiles se aliaban « contra el Señor y contra su Ungido » (*Act* 4, 26). Como entonces, hoy conviene orar para que Dios nos conceda la libertad de proclamar el Evangelio; conviene escrutar las vías misteriosas del Espíritu y dejarse guiar por él hasta la verdad completa (cf. *Jn* 16, 13).
> *Redemptoris Missio* (Santo Papa Juan Pablo II 7/12/1990, Ch. 8, (https://www.vatican.va/content/john-paul-ii/es/encyclicals/documents/hf_jp-ii_enc_07121990_redemptoris-missio.html)

Primero debemos saber de quién somos, que es llegar a creer que Dios nos creó por amor. Entonces la docilidad hace que nuestra identidad se arraigue en nuestra vida. Siguiendo el ejemplo de María como la Esposa del Espíritu Santo, podemos formar una relación con el Espíritu Santo y verdaderamente darnos cuenta de nuestra misión compartida como discípulas de Cristo. ¡Por esto es que la

Confirmación es tan importante! El bautismo nos da el don completo del Espíritu Santo, pero somos fortalecidas y comisionadas con gracias adicionales en la Confirmación. Para ser dóciles debemos rezar como María, que reflexionó primero sobre lo que escuchó de Dios antes de actuar en la misión.

Necesitamos al Espíritu Santo para que nos de claridad en nuestra vocación, en nuestro rol como hijas adoptivas de Dios y audacia en nuestras misiones. Si nuestra identidad está en Cristo, no hay espacio para deseos carnales. Pero claro, ¡es imposible que una mujer esté completamente despreocupada por su cuerpo! Allí es donde entran las virtudes—nos ayudan a vivir en nuestro ser físico, sin dejar que dirija nuestras vidas. ¡Parafraseando lo que escribió el Papa San Juan Pablo II, los apóstoles no supieron hacerlo antes de la ascensión de Cristo, pero después de Pentecostés, estaban en llamas!

Como católicas confirmadas, tenemos una misión única para difundir el Evangelio de la manera particular a la que Él nos ha llamado; siempre dejando que el Espíritu Santo guíe nuestras acciones.

Reflexión: ¿En qué, o en quién está arraigada tu identidad? ¿Claro, todas queremos decir que en Cristo, pero te has encontrado queriendo la aprobación de los demás? ¿Has hecho tu identidad de la apariencia física o del gimnasio, de tus niños y sus actividades, de un pasatiempo o juego o espectáculo, ganando o ahorrando dinero, o de un título profesional? ¿Si tu identidad está en Cristo, como te está yendo en tu misión? ¿Predicas la Buena Nueva de nuestro Salvador Jesucristo con tu forma de vivir? ¿Cómo puede *Magnificaré 90* ser una forma de renovación para ti?

DÍA 31: El amor nos hace querer ser dóciles, pero nuestra docilidad también aumenta nuestro deseo de amar a Dios. El genio femenino Sta. Juana Francisca De Chantal una vez escribió una directiva espiritual que el amor debe invitarnos a vivir vidas virtuosas simplemente con el propósito de servir a Dios.

> "Su carta me mostró muy claramente el estado de su alma y la fuente de su dolor y confusión, que es su excesivo afán por alcanzar la verdadera felicidad que desea, y su falta de paciencia y docilidad a la voluntad de Aquel que es el único que puede concedérsela...me parece que no está satisfecha haciendo los actos requeridos para su perfección, pero que quiere sentir y saber que los está haciendo. Debe ~~de~~ poner fin a eso y estar contenta con decirle a Dios, sin ningún sentimiento, "Señor, con todo mi corazón deseo hacer tal y tal virtud sólo para complacerte." Entonces póngase a trabajar, a pesar que no siente nada y resuelva amorosamente servir a Dios de esta manera, sin desear nada más. Si usted hace esto, pronto se encontrará en ese estado de tranquilidad y paz, el cual es tan necesario para almas que desean vivir virtuosamente, según el espíritu y no según sus propias inclinaciones y juicios." – Sta. Juana Francisca De Chantal (San Francis de Sales & Jeanne Françoise Frémiot de Rabutin de Chantal. *Francisco de Sales, Juana de Chantal: Dirección y Amistad Espiritual* (1988) Paulist Press)

> En consecuencia, se dice que la prudencia es el amor, no esencialmente, sino en la medida en que el amor mueve al acto de la prudencia. Por lo que Agustín continúa diciendo que "la prudencia es el amor que discierne lo que ayuda de lo que nos estorba para atender a Dios." Ahora se dice que el amor discierne porque mueve a la razón a discernir. – Sto. Tomás de Aquino, Summa Theologiae II-II Q47, a1, r1

Dios imprimió el deseo de Él en el alma de cada persona, aunque muchos decidan ignorar o adormecer ese deseo. No somos capaces de amar puramente de forma sacrificada como Cristo, pero toda nuestra vida debe ser un esfuerzo por superar nuestra naturaleza caída para reencontrarnos con Dios. Sabemos que el ser humano nunca puede *ganarse* el Cielo, pero ciertamente podemos correr en la dirección opuesta (hacia el infierno) por voluntad propia. Sí, tenemos nuestra voluntad y habilidad de seguir nuestras propias inclinaciones, pero nos acercamos más a Dios a través de nuestra abnegación y buscando llevar el amor de Dios a los demás.

Agustín, mencionado por Aquino, señala que nosotras utilizamos la prudencia para darnos cuenta de qué es lo que nos ayuda o interfiere en nuestro caminar hacia la santidad. La prudencia nos muestra *cómo nosotras, en función de nuestra misión única, estamos llamadas a amar—mientras que el ejemplo de amor de Jesús es el que forma nuestras decisiones prudentes.* La prudencia involucra nuestra memoria (la cual debe tener la verdad como raíz), nuestro juicio (el cual debe basarse en la verdad) y nuestra acción (la cual nos dirige a nosotras y a los demás hacia la Verdad). ¡Así como indicó Jesús en el mandamiento más grande, debemos amar a todos como nos amamos a nosotras mismas para estar abiertas al cielo! Para saber *cómo* amar a los demás debemos de ser dóciles en dejar que el Espíritu Santo nos guíe. Tenemos que ser realmente honestas; y esto es en lo que fallamos muy a menudo. ¿Hasta qué punto hemos llegado a mentirnos a nosotras mismas?

En otro sentido, ¿qué pasa si hay que tomar decisiones amorosas y pareciera que no hay una opción correcta? Recuerden que la docilidad de María hacia el Espíritu Santo tampoco le reveló automáticamente todo. ¿Ella le dijo sí a Dios por amor, y después qué? De esa misión *principal* fluyeron muchos otros momentos de enseñanza más pequeños. Ella reflexionó *mucho* en su corazón. Deberíamos seguir su ejemplo.

La prudencia necesita no solo docilidad sino también paciencia (entre otras virtudes menores). Y sabemos que el amor, primero, *es paciente* (1 Corintios 13:4). Si aún no hemos discernido "las cosas correctas" que el Espíritu Santo está indicándonos, entonces esperamos. A veces la santidad está en la espera. Que nuestra oración sea "Señor, haz que tu Voluntad, sea la mía." Cuando amamos, somos pacientes. Debemos ser enseñables, aunque no podamos ver la lección. ¡Nos acercamos más a Él a través de nuestra respuesta abierta "Sí Señor!" y *esa* cercanía *es* santidad.

Reflexión: ¿Haces cosas virtuosas esperando ver o sentir los resultados? ¿Cuál es tu razón para *Magnificaré 90*? ¿Estás muy cómoda en la vida en este momento? ¿Le has preguntado a Dios qué quiere que hagas a continuación? ¿Estás actualmente en la espera? ¿Si estás reflexionando sobre algo, has considerado rezar la Novena del Abandono a la Voluntad de Dios? Si deseas, lee 1-Pedro 5:6-7 como parte de tu oración.

DÍA 32: Sta. Juana Francisca de Chantal luchaba contra una personalidad dura y estricta—lo cual es problemático cuando se busca ser dócil. A través de dirección espiritual y gracia, ella fue capaz de superar su naturaleza y se convirtió en madre espiritual para los que buscaban dulzura.

> "En cuanto a su ocupación interior con Dios, no podría ser mejor. Pero me doy cuenta de que siempre está algo preocupada, queriendo hacer las cosas que Dios no quiere de usted. Cuando su mente está reposando cerca de Él, ¿eso no debería satisfacerle? ¿Acaso esta Infinidad divina no contiene en si misma todos los sagrados misterios de Jesús y María? No tenga, pues, ningún deseo de buscar o conocer nada que Dios no quiera darle a conocer." – Sta. Juana Francisca de Chantal (El Espíritu de Santa Juana Francisca de Chantal mostrado por Sus Cartas (1922) Longmans, Green and Company)

> "Si alguien quiere seguirme, renuncie a sí mismo. . ." "Estas palabras son el fundamento de la perfección Cristiana y religiosa. Negarse a sí mismo es renunciar a toda voluntad de la carne, a todas nuestras inclinaciones, deseos, placeres, satisfacciones, debilidades, gustos, humor, preferencias, hábitos, susceptibilidad, aversiones y repugnancia a las cosas rudas; en otras palabras, renunciar en todo y por todo a nuestro yo perverso. Luche por destruir su carácter, sus pasiones e inclinaciones; en una palabra, toda su naturaleza; y esto, con una voluntad energética, con generosidad y mortificación perseverante de todo su ser." – Sta. Juana Francisca de Chantal

> "Destruya, corte y queme todo lo que se oponga a su santa voluntad" – Sta. Juana Francisca de Chantal

Sta. Juana Francisca era una esposa y madre que, al enviudar, empezó un grupo de religiosas con San Francisco de Sales. Ella tenía una personalidad estricta que debía ser superada porque era muy perfeccionista con respecto a cumplir y lograr el éxito "humano" en el reino espiritual. San Francisco le enseñó que era mejor estar abierta a la voluntad de Dios, sin dejar que nada le molestara, incluso las interrupciones a sus oraciones o tener que ajustar sus planes para alinearse mejor con la apertura a y la voluntad de Dios. Él le enseñó a que dejara que todo venga a ella como una oportunidad para demostrar amor y misericordia y magnificar al Señor a través de su genio femenino. Ella se volvió muy tierna en su trato con los demás—aún cuando no era su forma natural de ser. Incluso tuvo que aprender a ser tierna consigo misma. San Francisco de Sales la animó a ser menos apegada a mortificaciones "perfectas" y más preocupadas por su capacidad de buscar la voluntad de Dios en oración.

Para nosotras, esto puede significar comer un aperitivo cuando estamos amamantando a nuestro bebé aunque queríamos ayunar. O comer carne en un Viernes si estamos en una comida y fue servida por nuestra amable anfitriona. Puede que también sea quedarse despiertas mas tarde para cuidar a un ser querido enfermo y después cuando nos damos cuenta de que dormimos un poquito más en la mañana, aún así tener el tiempo para nuestras oraciones y pedirle a Dios que nos de la gracia de ser tiernas con nuestra naturaleza humana. No vamos a ser perfectas, pero le podemos ofrecer incluso eso a Él. Así es que tal vez, cuando hayamos comido carne en un día de no comer carne o tocar la alarma 3 veces, podemos ofrecer un ayuno diferente, tal como ayunar de sabrosas adicciones a nuestras comidas o pasar nuestro día sonriendo a pesar de estar cansadas. Superar la frustración, preocupación o inclinación al mal genio son probablemente mortificaciones más significativas para Dios—todo ello requiere que practiquemos la docilidad.

La delicadeza es una parte importante de la docilidad. Nada debe causarnos desesperación o miedo, especialmente nuestros propios defectos. Nosotras, primero y ante todo, debemos ser tiernas con nosotras mismas. Cuando vemos áreas en las que necesitamos mejorar, en las que necesitamos crecer y las virtudes que necesitamos practicar más; éstas deberían ser causa de alegría, ¡no de desánimo! Debemos estar humildemente alegres de que Dios saca a la luz las áreas donde Él desea que crezcamos. Nuestra docilidad nos hace intentar y volver a intentar ser las Santas en las que solo Él nos puede perfeccionar. Debemos pedirle a Dios que nos refine. Cooperamos en ello mientras mortificamos nuestros deseos por cualquier cosa que nos separe de la voluntad de Dios. Estar en la presencia de Dios debe de ser la raíz de la que fluya todo lo demás en nuestras vidas. Nuestras oraciones deben ser que Él remueva las tentaciones que tenemos que se oponen a Su perfecta voluntad.

Reflexión: ¿Alguna vez desplazas la preocupación por tu vida interior hacia otros como una forma de distraerte del trabajo que tienes que hacer en tu alma? ¿Como te está pidiendo Dios que seas tierna contigo misma o con los demás? ¿Tu vida es un indicador de docilidad hacia el Espíritu Santo? ¿Que dificultades actuales estás combatiendo contra la docilidad? ¿Le has pedido ayuda a Dios? ¿Te ayudaría un cambio en tu plan de vida de oración y crecimiento en virtud?

DÍA 33: Reflexiona en cómo llegamos a saber la Verdad y cómo se transmite.

> CIC 84: "El depósito" (cf. 1 Tm 6,20; 2 Tm 1,12-14) de la fe (depositum fidei), contenido en la sagrada Tradición y en la sagrada Escritura fue confiado por los Apóstoles al conjunto de la Iglesia. "Fiel a dicho depósito, todo el pueblo santo, unido a sus pastores, persevera constantemente en la doctrina de los Apóstoles y en la comunión, en la fracción del pan y en las oraciones, de modo que se cree una particular concordia entre pastores y fieles en conservar, practicar y profesar la fe recibida" (DV 10).
>
> CIC 86: "El Magisterio no está por encima de la palabra de Dios, sino a su servicio, para enseñar puramente lo transmitido, pues por mandato divino y con la asistencia del Espíritu Santo, lo escucha devotamente, lo custodia celosamente, lo explica fielmente; y de este único depósito de la fe saca todo lo que propone como revelado por Dios para ser creído" (DV 10).
>
> Mas ustedes, amadísimos, recuerden lo que anunciaron los apóstoles de Cristo Jesús nuestro Señor. Ellos les decían: Al fin de los tiempos habrá hombres que se burlarán de las cosas sagradas y vivirán según sus deseos impuros. Aquí tienen a hombres que causan divisiones, hombres terrenales que no tienen el Espíritu Santo. En cambio ustedes, muy amados, construyan su vida sobre las bases de su santísima fe. Orando en el Espíritu Santo. Manténganse en el amor de Dios, esperando la misericordia de Cristo Jesús nuestro Señor, que los llevara a la vida eterna. -Judas 17-21

Creemos que la Verdad existe o creemos que no. Si nada es verdad, entonces todo es "verdad"—y entonces, ¿qué sentido tiene ese tipo de existencia? Lo podemos sentir en nuestros corazones, hemos sido creados para *algún propósito*. Los medios sociales y las noticias hacen que parezca que la gente en el mundo prospera según sus propios caprichos y deseos. Esto contrasta con lo que Dios pide a la gente que haga. No podemos simplemente inventar nuestras propias razones para vivir: *la razón* es Dios. Tampoco podemos interpretar la biblia de la forma que encaje con nuestros deseos humanos. No podemos tener prácticas religiosas o rituales basados en una opinión.

No estamos solas para descifrar estas cosas. Jesús les dijo a sus Apóstoles que les enviaría un Ayudante después que Él ascendiera al Cielo. Les dijo que el Espíritu

Santo los guiaría hacia la Verdad; y Jesús también les dió a sus Apóstoles la capacidad de transmitir la Verdad revelada en Su nombre. Ellos usaron la autoridad que se les dió para enseñar a otros a ser maestros. Así es que los maestros comienzan primero como discípulos.

La Iglesia es dócil en sí, porque siempre está receptiva a los impulsos del Espíritu Santo, iluminando el camino hacia al cielo como un faro. Aunque varios grupos han dejado la Iglesia en protesta por las enseñanzas desafiantes o por malos líderes, y algunos miembros han caído en pecados muy graves mientras trabajaban para la Iglesia, el pasaje de Judas nos dice que aquellos que causan divisiones son despojados del Espíritu Santo. El Espíritu guía a la Iglesia, así es que ¡siempre debemos confiar que las puertas del infierno no prevalecerán! Debemos mantener la unidad y eso significa que no debe haber un montón de opiniones sobre lo que es "verdad." No podemos escoger y decidir en qué enseñanzas creer. La desunión nos impide glorificar a Dios plenamente. Necesitamos un enfoque unificado para interpretar la biblia, adorar a Dios y vivir en el mundo sin apegarnos al él. Se encuentra en la iglesia iniciada por Jesús: La Iglesia Católica.

Reflexión: ¿Hay alguna enseñanza con la que batallas? Averigüa por qué se enseña, después reza y luego confía. ¿Cómo el recorrer de tu vida te ha llevado a donde estás ahora en tu historia de fe? ¿Cómo la docilidad a las enseñanzas de la Iglesia Católica ha sido una fuente de paz y libertad en tu vida? ¿Has notado algún beneficio al ayunar mientras persigues la virtud? ¿Que conexión notas entre ayunar y la docilidad?

DÍA 34: Como hijos injertados en el Cuerpo de Cristo, tenemos que escuchar a nuestro Padre. Él siempre nos acercará mas hacia Él a través de nuestra docilidad.

> Pues todos aquellos a los que guía el Espíritu de Dios, esos son hijos de Dios. Ustedes no recibieron un espíritu de esclavos para volver al temor, sino que recibieron el Espíritu que los hace hijos adoptivos, y que los mueve a exclamar: "! Abba, Padre!" El mismo Espíritu le asegura a nuestro espíritu de que somos hijos de Dios. Y si somos hijos, somos también herederos. Nuestra será la herencia de Dios y la compartiremos con Cristo; pues si ahora sufrimos con él, con él recibiremos la gloria. –Romanos 8: 14-17

> "En oración, se logra más escuchando que hablando." –a menudo se atribuye a ambos San Francisco de Sales y Sta. Juana Francisca de Chantal

Ser hijos adoptivos de Dios es mejor que ser hijos biológicos de Dios. En la época en que San Pablo escribía, la gente Romana podía renunciar a un hijo biológico por una variedad de razones, pero una vez adoptado, el niño se quedaba en la familia permanentemente. ¡Ser verdaderamente un niño adoptado trae consigo todos los beneficios de una vida familiar y el amor y no podemos ser descartados (sin embargo, podemos alejarnos de la familia)! A través del Espíritu Santo es que tenemos vida con Dios como Sus hijas. Esto no quiere decir que las cosas en la Tierra van a ser fáciles; el sufrir es parte del acuerdo si queremos ser glorificadas, como se ejemplifica en la Pasión de Cristo. No podemos esperar el Cielo sin la cruz.

¡Las mortificaciones de Magnificaré 90 son muy difíciles para hacerlas solas, pero no tenemos por qué! ¡Claro, tenemos a otras mujeres en el desierto con nosotras—pero también tenemos al Paráclito, el Espíritu Santo! Así como Jesús estuvo en el desierto para vencer el pecado (por nosotros, por supuesto, no por Él mismo) así también nosotras estamos llamadas a ser guiadas por el Espíritu Santo en nuestros propios desiertos.

A través de la humildad podemos reconocer que después de todo, no sabemos como comunicarnos *verdaderamente* con Dios, necesitamos ayuda. Tenemos un intercesor muy poderoso en el Espíritu Santo; ayudándonos a mantener nuestras oraciones alineadas con la voluntad de Dios. Ser dóciles al Espíritu Santo nos enseña a orar. No nos olvidemos de pedirle al Espíritu Santo qué hacer en un momento determinado, o qué decir en una conversación, o a donde ir cuando estamos más que perdidas físicamente. Más que nada, que el Espíritu Santo abra nuestras mentes y corazones para hacer buenas confesiones y así permanecer en unión con Dios.

Reflexión: Respira y repite la frase "Ven Espíritu Santo" a lo largo del día cuando sientas que tu paz se tambalea; manejando con tráfico, esperando pagar en la caja, doblando 14 canastas de ropa lavada, viendo los juguetes de los niños por todos lados, terminando un proyecto del trabajo en el fin de semana. Pídele al Espíritu Santo que te guíe hacia la Verdad, que rece en tu nombre, y que te mantenga calmada.

Esta semana de docilidad es un tiempo maravilloso para recibir el Sacramento de la Reconciliación, cuando reconoces los momentos en los que has tratado de ser autosuficiente. Reflexiona qué tan eseñable has sido desde que empezó *Magnificaré 90*. ¿Has estado peleando con uñas y dientes contra la abnegación o contra el aumento de las prácticas espirituales? ¡Gracias por seguir en esto hermana!

DÍA 35: La docilidad de las mujeres demuestra a otros, incluyendo los hombres, lo que significa ser libres en el sentido espiritual. Tenemos un gran impacto en la búsqueda de la virtud de los demás cuando vivimos nuestro fíat tal como la actitud receptiva de María reveló el genio femenino para nosotras.

> Contesto el ángel: "El Espíritu Santo descenderá sobre ti y el Poder del Altísimo te cubrirá con su sombra; por eso tu hijo será Santo y con razón lo llamarán Hijo de Dios. Ahí tienes a tu parienta Isabel: en su vejez ha quedado esperando un hijo, y la que no podía tener familia se encuentra ya con el sexto mes de embarazo; porque para Dios nada es imposible." Dijo María: "Yo soy la servidora del Señor; hágase en mi lo que has dicho." Después de estas palabras el ángel se retiró. -Lucas 1: 35-38

> "Una persona que tiene esta verdadera libertad saldrá de su oración, serenamente, con gracia hacia la persona que inesperadamente la ha perturbado, ya que para ella todo es lo mismo—servir a Dios meditando o servirle respondiendo a su prójimo. Ambas son la voluntad de Dios, pero ayudar al prójimo en ese momento particular es necesario. Tenemos la ocasión de practicar esta libertad cuando las cosas no salen como queremos; porque quien no está apegada a sus propias formas no se impacientará cuando las cosas salgan de otra manera." -San Francisco de Sales a Sta. Juana Francisca de Chantal (San Francisco de Sales & Juana Francisca. Frémiot de Rabutin de Chantal. *Francisco de Sales, Juana de Chantal: Cartas de Dirección Espiritual* (1988) Paulist Press)

> "Espíritu de vida, por cuyo poder el Verbo se hizo carne en el seno de la Virgen María, la mujer del silencio atento nos hace dóciles a los impulsos de tu amor y siempre listas a aceptar las señales de los tiempos que tú colocas a lo largo del recorrer de la historia. ¡Ven, Espíritu de amor y paz!" -St. Juan Pablo II, *Ven Espíritu de Amor y Paz!* (1998)

Cuando María *recibió* la noticia más impactante de su vida, fue *sensible* a lo que significaba. Fue *generosa* en su respuesta y *trajo a* Cristo al mundo. ¡El prototipo de la espiritualidad del genio femenino, María cooperó con el plan de salvación de Dios para toda la humanidad! Que increíble pionera para nosotras, las mujeres modernas. Procuremos seguir su ejemplo, conscientes de que no tenemos que encajar en el molde de lo que el mundo nos dice que debemos hacer. Estemos pues abiertas al Espíritu Santo a través de la oración y de la gracia dada en los sacramentos. De ahí viene la libertad de amar; la habilidad de desprendernos de los vicios, egoísmos y pecados. La docilidad nos ayuda a encontrar la habilidad de decirle no a la tentación. Cuando estamos confinadas por algo de este mundo, no somos realmente libres.

Sta. Juana Francisca de Chantal recibió una carta de San Francisco de Sales que la animaba a ser libre incluso de los apegos a sus planes. Como leímos anteriormente esta semana, no estaba en su naturaleza ser dócil, pero lo practicó. No fue solo ella la que se benefició de su libertad y virtud. El ejemplo de ella, como madre superando sus tendencias naturales mostró a sus hijos que la santidad proviene de la voluntad de dejar que Dios se mueva en nosotras.

Si tenemos niños bajo nuestro cuidado, sea por vocación o por profesión, voluntariamente o la familia extensa, debemos ser conscientes de que sus ojos observan el modo en que perseguimos la virtud. Esto incluye a adultos que todavía son niños espiritualmente. Lo que hacemos importa aún más que lo que decimos. Esto es especialmente obvio en nuestra participación en la Misa. Los niños, cuyos maestros y padres parecen ir a misa a regañadientes, tienen una mirada en blanco y sus manos desdobladas, no se molestan en alterar su postura e incluso quizás se quejan de cuánto dura la misa o la homilía son más propensos a modelar ese comportamiento. Pero cuando los niños ven que las influencias adultas en sus vidas se entusiasman con el don de la Misa y les enseñan la belleza, historia y significado de la Misa, es más probable que ellos pongan en práctica la virtud de la gratitud por el sacrificio y la gracia de Dios. Los niños pequeños son aún enseñables, naturalmente dóciles—la mayoría todavía no ha levantado los muros de la autosuficiencia, por lo que debemos animarlos en su fe a una edad temprana.

Reflexión: Reflexiona sobre la semana pasada. Ve qué preocupaciones tienes y ofrécelas al Señor en oración. ¿En qué áreas has estado receptiva, sensible, generosa y maternal (en el sentido de llevar a Cristo a los demás)? ¿Hay alguna experiencia de docilidad por la cual alegrarse? ¿Hay alguna ocasión en la que no escuchaste los susurros del Espíritu Santo? ¿De qué manera tu participación en la Misa ha dado testimonio de que es lo más cercano al Cielo mientras estamos en la Tierra?

Laboriosidad

DÍA 36: *Magnificaré 90* es una oportunidad para practicar el ascetismo, el cual necesita la virtud de la laboriosidad, el tema de esta semana. Reflexiona sobre el significado de la palabra ascetismo:

> El esfuerzo o ejercicio espiritual en búsqueda de la virtud. El propósito es crecer en la perfección Cristiana. Sus principios y normas se expanden en la teología ascética. (Etimología: Griega *askētikos*, literalmente, dedicado a ejercitarse; **laborioso**; aplicado a los ermitaños que se ejercitaban estrictamente en la devoción religiosa.) (Hardon, J. *Diccionario Católico de Bolsillo* (1985) Libros de Imágenes)

La laboriosidad es una virtud bajo la fortaleza; es la *diligencia* en el trabajo humano que lleva a la madurez espiritual. Nos ayuda a aprender a no distraernos de nuestra meta a la santidad, a pesar de las muchas tentaciones mundanas de enfocarse en el presente. Estos noventa días están destinados a vaciarnos para que nuestra sed de Dios permita que Él nos llene de virtudes. Debemos participar en este proceso. Debemos esforzarnos en la búsqueda de la virtud.

'Trabajo" es *ejercer cierta energía con un propósito en mente, buscando un resultado específico*. Incluso la gente sin religión tiene la necesidad de la realización humana creando algo intelectual o tangible. Dentro de la Iglesia Católica, sin embargo, vemos la plenitud del propósito en el trabajo; es decir, continuar con la creatividad de Dios. Así es que, cada vez que nosotros, los Cristianos, ejercemos nuestra energía, debemos buscar tener el objetivo más puro de honrar a Dios. Así es como laboriosamente magnificamos al Señor; quedándonos cerca de Él en una relación personal a través de la oración que luego engendra la acción amorosa. Por ello es que vamos de la docilidad a la laboriosidad en nuestro aprendizaje sobre las virtudes. Debemos tener el patrón correcto de oración y movimientos interiores a movimientos activos y exteriores en nuestras vidas.

Fuimos creadas por el amor de Dios y con la intención de vivir eternamente con Él para siempre, si escogemos amarlo libremente. Dios nos demuestra de varias maneras su bondad y nos da varias oportunidades de participar en Su Naturaleza Divina que nos ayuda a vivir nuestra decisión de amarlo. Una de esas maneras es participando en Su trabajo creativo. En las mujeres se manifiesta más a menudo en ser receptivas hacia los niños y ser el corazón de la familia. Hay mujeres casadas que no pueden tener niños físicamente (nunca, o ya no) y esa es definitivamente una cruz muy pesada de cargar. La adopción y padres de crianza son frecuentemente un llamado vocacional del Señor. Pero puede ser el caso que una esposa y esposo disciernan que esa no sea su vocación. Una mujer puede ser llamada a trabajar laboriosamente en el mundo, mientras lleva la luz de Cristo como madre espiritual para muchos donde la maternidad física podría prevenirle de que así sea. Si su llamado vocacional es a la vida religiosa consagrada, sacrifica una familia propia para traer Gloria a Dios a través de la contemplación y sirviendo a los demás en la comunidad en general. Algunas mujeres son llamadas a permanecer solteras, pero consagradas a Cristo, viviendo en el mundo. Son mujeres que pueden trabajar laboriosamente en sus carreras, compartiendo el evangelio de formas y en lugares donde las religiosas no están típicamente presentes. Las mujeres pueden ser voluntarias en esfuerzos filantrópicos después de su trabajo diario, con o sin familias, o pueden ser llamadas a estilos de vida misioneros específicos, donde abundan las llamadas a la maternidad espiritual. La vida es una oportunidad de vivir contentas trabajando arduamente como guardianas de la vocación que Dios nos da.

Todas esas vocaciones son oportunidades de santificación al morir a nuestros propios deseos personales. Podemos *querer* tener un trabajo bien pagado, pero si permanecemos cerca de Dios en oración, quizás sintamos que Él nos llama a algo más. Optar por *no* escucharlo es ir contra Su voluntad y no nos llevará a la felicidad eterna. Podemos *querer* una familia, pero si Dios nos está llamando a entrar a la vida religiosa o ser una mujer laica consagrada, debemos escucharlo. Algunas de nosotras quizás queremos cambiar lo que actualmente estamos haciendo, pero el discernimiento es vital. *Si* escuchamos ~~a~~ que Dios nos llama a hacer un cambio, Él sacará a relucir el bien de nuestra voluntad. Los sacrificios que hacemos para participar plenamente en Su trabajo creativo son pasos a lo largo del camino hacia al Cielo. La laboriosidad encuentra un hogar en todas las mujeres que están en la búsqueda de la virtud, sin importar, su estado de vida, porque no debemos darnos por vencidas cuando el trabajo que se nos ha pedido hacer para la gloria de Dios se pone difícil.

Reflexión: ¿Cómo va tu esfuerzo espiritual, en estas semanas de Magnificaré 90? ¿Oras sobre tu trabajo y cómo lo desempeñas? ¿Tomas decisiones en tu trabajo que van contra la dignidad de alguien más? ¿Cómo respondes a la voluntad de Dios si entra en conflicto con tus expectativas o con tu deseo de estar a la altura de las expectativas del mundo? Lee CIC 307 y 323 para seguir meditando.

DÍA 37: Es necesario que nuestra laboriosidad eche raíces en el silencio, la oración y los Sacramentos para no convertirnos en "perfeccionistas" espirituales que se ciegan por el éxito y pierden el sentido de la docilidad.

> Volvió donde sus discípulos y los halló dormidos, y dijo a Pedro: "De modo que no pudieron permanecer despiertos conmigo ni una hora? Estén despiertos y orando, para que no caigan en tentación: el espíritu es animoso, pero la carne es débil." –Mateo 26: 40-41

> Pero los que esperan en Yavé sentirán que se les renuevan sus fuerzas y que crecen alas como de águilas. Correrán sin fatigarse y andarán sin cansarse. –Isaías 40: 31

> "Para que la vida activa sea productiva tiene que contener contemplación. Cuando la contemplación llega a cierta altura se desborda a la vida activa y recibe ayuda y fortaleza del corazón de Dios." –Sta. Catalina Drexel (de la Novena a Sta. Catalina Drexel Centro Misionero & Santuario Nacional)

> "El aguante paciente y humilde de la cruz, sea cual fuere su naturaleza, es el trabajo más elevado que tenemos que hacer." –Sta. Catalina Drexel

Otros cuentan con nuestras contribuciones. Dependiendo del estado de nuestras vidas, hay que cumplir metas y plazos, cuidar a los niños, asistir a reuniones, evaluar el manejo del tiempo y tomar decisiones difíciles. Necesitamos una virtud que nos ayude a trabajar duro para hacer la voluntad de Dios en nuestra vida. La laboriosidad es una virtud opuesta a la inacción pecaminosa. La biblia está llena de pasajes condenando la pereza, la inquietud temerosa y la inacción cuando *estamos* llamadas a actuar. Definitivamente no podemos hacerlo todo; pero es virtuoso ser diligente en la escuela, la casa, en el trabajo y donde quiera que la docilidad a la voluntad de Dios nos llame.

La laboriosidad sólo puede ser virtuosa si la equilibramos con la humildad y la caridad. Podemos reconocer la oración y nuestra relación sacramental con Dios como la fuente de la fuerza, para así poder magnificar al Señor por medio de nuestro compromiso a trabajar duramente. No nos podemos enfocar en elogios que podamos o no recibir de las personas. Nuestros logros siempre deben dirigirse a Dios. La laboriosidad mundana nos llevará al pecado de la soberbia.

¿Por qué nos estancamos tanto en una cierta tarea a una cierta hora? ¿Por qué ofrecemos nuestro tiempo mientras que el equilibrio familiar sufre? ¿Por qué estamos en un área específica de la carrera que destruye nuestra espiritualidad?

¿Nos *comprometemos demasiado*? ¿Nos escondemos detrás de ataduras que nos impiden construir relaciones con los demás, ir al encuentro de los necesitados (que pueden ser nuestros propios hijos), o donar tiempo a las necesidades de la iglesia? ¿Confiamos en Él para que nos de la energía necesaria para recorrer el camino que nos lleva a la santidad? En las varias etapas de nuestras vidas, la respuesta a estas preguntas puede ser diferente.

Ordenemos correctamente nuestro día comenzando con oración y dándole prioridad a Jesús y a la Eucaristía. Nos apoyamos en Él, comprendiendo que es Cristo en nosotras quien logra el bien. Sin embargo, nunca debemos entorpecer el camino con nuestros propios miedos al cansancio. Cuando nos encontremos exhaustas y agotadas, necesitamos morar en el amor de Cristo. Tal como lo dijo Sta. Catalina Drexel, para tener una vida activa productiva, **debemos** tener contemplación y después la vida activa fluye adecuadamente a través de Dios. Es un equilibrio entre períodos de descanso y períodos de acción. Primero debemos descansar en el Sagrado Corazón de Jesús, después amar a nuestro prójimo. Acerquémonos al Señor en confesión por las veces que hemos sido autosuficientes o por las veces que hemos sido espiritualmente apáticas y pidámosle fuerzas para traer la gloria a Él por medio del trabajo que hacemos.

Reflexión: ¿Se puede ser virtuosa en la laboriosidad si no conoces la voluntad de Dios? ¿Donde puedes dar más silencio para que Dios te hable? ¿Tienes miedo de hacer algo que Dios ha puesto en tu corazón por el temor de que sea algo muy difícil o porque te quite demasiada energía de algo que te gustaría hacer mejor?

DÍA 38: Sta. Catalina nos recuerda que la alegría es vital para que una mujer Cristiana tenga éxito en su trabajo; y cualquier trabajo que hagamos debe ser digno del nombre del Señor en nuestra alma.

> "Si deseamos servir a Dios y amar bien a nuestro prójimo, debemos manifestar nuestra alegría en el servicio que le rendimos a Él y a ellos. Abramos nuestros corazones de par en par. Es la alegría la que nos impulsa a seguir hacia delante y no temer a nada." –Sta. Catalina Drexel (USCCB. Abramos Ampliamente Nuestros Corazones (2018) http://www.usccb.org/issues-and-action/human-life-and-dignity-racism/upload/open-wide-our-hearts.pdf)

> "Hay que acercarse siempre a la mesa sagrada con más y más amor. Despoje su corazón de todo el amor del mundo y de usted misma y entonces habrá lugar para Jesús. Dar gracias al Señor por haber redimido tu alma con Su Preciosísima Sangre." –Sta. Catalina Drexel (Cheryl D. Hughes. Katharine Drexel: De La Riqueza-a-los-Trapos Sucios (The Riches-to-Rags Life Story of an American Catholic Saint), es la historia de la vida de una Santa Católica Americana (2014) Wm. B. Eerdmans Publishing)

> Que la palabra de Cristo habite en ustedes con todas sus riquezas. Que sepan aconsejarse unos a otros y enseñarse mutuamente con palabras y consejos sabios. Con el corazón agradecido, canten a Dios salmos, himnos y cánticos inspirados. – Colosenses 3:16-17

Sta. Catalina Drexel era una mujer americana con una situación financiera muy adinerada; el patrimonio familiar, en dólares actuales tendría un valor de cerca de $250 millones. Fue magnánima en querer brindar gloria a Dios y trabajó laboriosamente porque ella era dócil a los impulsos del Espíritu. Fue verdaderamente un genio femenino que tuvo una espiritualidad de vaciarse de sí misma de modo que su hambre fuera siempre por el Señor. Ella confió en que Dios siempre provee el trabajo que Él quiere que se haga.

Sta. Catalina sintió el deseo de ser una monja de clausura, especialmente para recibir la Eucaristía más frecuentemente, pero también observó toda la gente que necesitaba amor tangible y se preocupaba de que *alguien* hiciera algo al respecto. Habló con el Papa León XIII sobre su preocupación acerca de los Nativos Americanos y los Afroamericanos y le pidió que envíe misioneros. Él le dijo que *ella* fuera la misionera.

Sta. Catalina empezó una orden específicamente para magnificar al Señor a los Nativos Americanos y Afroamericanos en la era muy desafiante y a menudo anticatólica posterior a la guerra civil. Vivió su vocación laboriosamente hasta los 1950s. El carisma de las Hermanas del Santísimo Sacramento está basado en la oración contemplativa, particularmente la Eucaristía. Sin embargo, es a través de esa conexión profunda con el Señor que pueden servir alegremente a Él y a los demás; trabajando activamente en el mundo. Catalina renunció a una vida de comodidades para llevar a Cristo a los demás. Le daba alegría hacerlo; ¡a pesar del ridículo, persecuciones y amenazas de ser alquitranada y emplumada! Ella sabía que su identidad estaba en Cristo y que su misión era amar. Cada genio femenino debería poder decir esto.

Nuestro trabajo, dentro o fuera de nuestras casas, puede llevarnos a la infelicidad y/o al pecado si ponemos nuestra necesidad de la aprobación humana y comodidad por encima de desear el Cielo. No necesitamos de una promoción o aumento de sueldo para ser merecedoras del Cielo. No necesitamos de las redes sociales para que se nos reconozca el trabajo significativo que hacemos en casa. No necesitamos gastar dinero en seguir 'viviendo el sueño Americano' en las apariencias o en comodidades frívolas. Dejemos que nuestra alabanza sea *a Dios*.

Reflexión: ¿Alguna vez le has preguntado a Dios específicamente qué trabajo quiere que hagas? ¿Necesitas que ocurran cambios en tu carrera o en el manejo de tu casa para que la búsqueda de la santidad *sea* la meta? ¿Cuál es tu identidad y tu misión?

Si la historia de Santa Catalina llamó tu atención, lee más sobre ella.

DÍA 39: Uno de los objetivos del trabajo, correctamente ordenado, es el cuidado de los demás. Almacenar el exceso de bienes o de dinero mientras otros viven sin contar con las necesidades básicas por dignidad, no es compatible con las instrucciones de Jesús. En la misma virtud, debemos tener cuidado de mantener en alto la dignidad de los demás sin menospreciarlos ni dejarlos sin oportunidades.

> En todo les he enseñado que es así como se debe trabajar a fin de tener también para ayudar a los necesitados, recordando las palabras del Señor Jesús, que dijo: "Hay mayor felicidad en dar que en recibir." –Hechos 20: 35
>
> CIC 2426: El desarrollo de las actividades económicas y el crecimiento de la producción están destinados a satisfacer las necesidades de los seres humanos. La vida económica no tiende solamente a multiplicar los bienes producidos y a aumentar el lucro o el poder; está ordenada ante todo al servicio de las personas, del hombre entero y de toda la comunidad humana. La actividad económica dirigida según sus propios métodos, debe moverse no obstante dentro de los límites del orden moral, según la justicia social, a fin de responder al plan de Dios sobre el hombre (cf GS 64).
>
> 2444: "El amor de la Iglesia por los pobres [...] pertenece a su constante tradición" (CA 57). Está inspirado en el Evangelio de las bienaventuranzas (cf Lc 6, 20-22), en la pobreza de Jesús (cf Mt 8, 20), y en su atención a los pobres (cf Mc 12, 41-44). El amor a los pobres es también uno de los motivos del deber de trabajar, con el fin de "hacer partícipe al que se halle en necesidad" (Ef 4, 28). No abarca sólo la pobreza material, sino también las numerosas formas de pobreza cultural y religiosa (cf CA 57).

Muchas de nosotras tratamos de relacionar el trabajo físico (ambos el de paga y el no pagado) a nuestra vocación espiritual, sin embargo, se nos dificulta encontrar una relación con Dios en el ambiente secular. La cultura nos define y nos valora por lo que hacemos; especialmente por el valor monetario del trabajo. Así que los que no tienen mucho dinero generalmente son desvalorizados, mal representados y hechos a un lado. Las mamás y esposas que se quedan en casa y las mamás que trabajan, mujeres solteras o religiosas consagradas, pensionadas. Todas importamos. Mientras vivamos para que Dios sea magnificado a través de cualquier trabajo que hagamos, nos estamos convirtiendo en Santas.

Esto quiere decir que uno no solo trabaja por trabajar. El trabajo debería acercar a toda la raza humana hacia Dios. No solo debemos trabajar físicamente para servir al pobre y al olvidado, sino también debemos servir al espiritualmente pobre. Ello puede hacerse en el lugar de trabajo o en nuestro trabajo en casa. Nuestro genio femenino nos permite ser receptivas a las necesidades de los demás y nuestra laboriosidad nos ayuda a responder al llamado. Si tenemos una posición de poder, Dios nos ha confiado el bienestar de los que dirigimos o cuidamos. No podemos forzar a la gente; no podemos controlarlos o amenazarlos. Utilizamos la sensibilidad para inspirar a los demás e invitarlos a que trabajen con esfuerzo, guiándolos con un ejemplo positivo ya sea como mamá o gerente, como empleada o estudiante. Deberíamos empezar cada día refrescadas, buscando dar más de lo que recibimos y en la noche, juzgar el duro trabajo de nuestro día por el resultado de nuestro comportamiento, estrategias y conversaciones similares a los de Cristo.

Reflexión: ¿De qué manera la laboriosidad en tu vida transmite dignidad a los demás? ¿Cómo compartes tu fe y tus comodidades? ¿Qué cosas difíciles te ha pedido Dios que hagas por los demás a través de tu trabajo, pagado o no pagado y cómo te ha ayudado a encontrar la alegría en el sacrificio?

DÍA 40: Las mortificaciones también nos ayudan a ser laboriosas remueven las ataduras que nos impiden trabajar con esfuerzo para magnificar la gloria de Dios. Nos enfocamos en la Eucaristía como nuestra fuente de consuelo.

> "A menudo en mi deseo de trabajar para los demás me encuentro con las manos atadas; algo obstaculiza mis designios caritativos, alguna influencia hostil me vuelve impotente, parece que mis oraciones no son de ningún provecho, mis gestos de bondad son rechazados, pareciera que estoy haciendo todo mal cuando estoy tratando de hacer lo mejor que puedo. En tal caso no debo de lamentarme—solo sigo los pasos de mi maestro." –Sta. Catalina Drexel (de la Novena a Sta. Catalina Drexel Centro Misionero y & Santuario Nacional)
>
> "En la Santa Comunión la vida de Dios es impartida ~~a~~ en mi alma de una manera especial. Es allí donde Dios se convierte en el alma de mi alma, para hacer, y sufrir todo por amor a Él que murió por mí y si Tú eres para mí, si Tú estás dentro de mí, ¿qué puedo temer, O, Mi Dios?" –Sta. Catalina Drexel (Cheryl D. Hughes. Catalina Drexel: De la Riqueza-a los-Trapos-Sucios Historia de la vida de una Santa Católica Americana (The Riches-to-Rags Life Story of an American Catholic Saint) (2014) Wm. B. Eerdmans Publishing)
>
> Afánense, no por la comida de un día, sino por otra comida que permanece y con la cual uno tiene vida eterna. El Hijo del Hombre les da esta comida; él es al que el Padre, Dios, señaló con su propio sello." –Juan 6: 27

Cuando laboramos para la Gloria de Dios, muchas veces encontramos que el camino no es fácil. Nos topamos con dificultades financieras o logísticas, nos enfermamos, la gente nos molesta o no nos entiende~~n~~, las personas no quieren ayuda cuando la ofrecemos, nuestras oraciones parecen en vano...la lista de las maneras que nuestro regalo de amor puede ser descarrilado es sin fin. Esto no necesariamente significa que estamos haciendo algo mal. Si hemos orado, discernido y hemos tratado de escuchar al Espíritu Santo sin que nuestro orgullo interfiera...no debemos desesperarnos. Sta. Catalina nos anima a que reconozcamos que estamos caminando con Dios—porque los pasos de Jesús se encontraron también con la resistencia de este mundo.

En tiempos de aparente ineficacia, reflexiona en los sentimientos de María a los pies de la cruz. Ella dio a luz a la vida misma de Dios a este mundo; sin embargo, en ese momento, su corazón fue perforado. Ella conoce de nuestra lucha por trabajar con esfuerzo y hacer el bien en la viña de Dios, aunque nos sintamos incapaces, indignas o inseguras. Reza la siguiente oración que se le atribuye a las escrituras de Sta. Catalina Drexel, pero en realidad es una que ella copió de un librito de reflexiones y devociones Marianas.

Oh María, haz que me esfuerce por todos los medios a mi alcance, para extender el reino de tu divino hijo y ofrecer incesantemente mis oraciones para la conversión de aquellos que aún están en la oscuridad o alejados de su refugio. (Muy Rev. Peter Kenrick. *El mes de Mayo* (1841) C Dolman London)

La clave para continuar en el camino del trabajo duro y piadoso es la gracia. Debido a que la laboriosidad es parte de la fortaleza, podemos estar seguras de que necesitamos la fortificación para el duro trabajo que se nos pide hacer como co-creadoras. ¿Qué mejor comida hay para el camino que el Pan de Vida y el Agua Viva?

Reflexión: ¿Cuándo has tratado de servir a los demás y fuiste rechazada? ¿De qué manera la Adoración Eucarística te ha dado consuelo y paciencia? ¿De qué manera puedes fomentar un Asombro Eucarístico más profundo? ¿El rosario u otras devociones Marianas han fortalecido tu amor por el Cuerpo y la Sangre de Cristo?

DÍA 41: La diligencia con que intentamos amar a Dios y a los demás es donde importa nuestro trabajo, sea cual fuere nuestro carisma o llamado vocacional.

> Rechaza en cambio las leyendas sin fundamento, verdaderos cuentos de viejas. Ejercítate en la piedad. El deporte no tiene sino un provecho limitado; en cambio, la piedad es útil para todo, pues Dios le prometió que alcanzaría la vida, tanto la presente como la futura. Aquí tienes una doctrina segura en que puedes confiar. En efecto, si sufrimos y luchamos es porque ponemos nuestra esperanza en el Dios vivo, Salvador de todos los hombres, sobre todo de los creyentes. –1 Timoteo 4: 7-10
>
> Por eso, esfuércense con sumo empeño y añadan a la fe la fuerza, a la fuerza el conocimiento, al conocimiento la moderación, a la moderación la constancia, a la constancia la piedad, a la piedad el amor fraterno y al amor fraterno la caridad. Si todas estas riquezas se hallan y acrecientan en ustedes, además de no ser inútiles y estériles, alcanzarán el conocimiento de Cristo Jesús nuestro Señor. –2 Pedro 1: 5-8
>
> CIC 2407: En materia económica el respeto de la dignidad humana exige la práctica de la virtud de la templanza, para moderar el apego a los bienes de este mundo; de la justicia, para preservar los derechos del prójimo y darle lo que le es debido; y de la solidaridad, siguiendo la regla de oro y según la generosidad del Señor, que "siendo rico, por vosotros se hizo pobre a fin de que os enriquecierais con su pobreza" (2 Co 8, 9).

Para crecer en el amor, Pedro 2 dice que hay que evitar la holgazanería. Y como dice Timoteo 1, debemos entrenarnos para la devoción. ¡La formación para ser santa no es pasiva! Hay muchas cruces por llevar y muchos apegos a los que morir si verdaderamente estamos sedientas de Dios. Y afortunadamente, recibimos muchos consuelos espirituales y bendiciones alegres mientras Dios nos da su misericordia y eterna fidelidad. El nunca nos guiará mal. Él sabe lo que necesitamos y el trabajo al que Él nos llama es parte del proceso de nuestra santificación.

Conectando 1Timoteo 4 con 2 Pedro 1, sabemos, que obtenemos una devoción sincera creciendo en la virtud, y el ascetismo es necesario para eso. El ascetismo y el negarnos a nosotras mismas un poco de comodidad nos ayuda a practicar la fortaleza necesaria para decir no cuando la tentación pecaminosa interfiere en nuestro camino. Trabajar duro aunque no queramos, o a pesar de condiciones contrarias, nos ayuda a desarrollar la fuerza necesaria para ser diligentes también en el trabajo espiritual.

Morir a nosotras mismas significa que tenemos la oportunidad de resucitar con Él. Cuando permitimos que la vida pase fácilmente, caemos en amarnos a nosotras mismas mucho más que a Dios y a los demás. Como el pasaje del Catecismo nos recuerda, las riquezas y los bienes materiales deben ser tomados y usados sólo como bendiciones para traer a Cristo a los demás. La industria secular se centra en la productividad; pero la laboriosidad, como una virtud, se preocupa de trabajar duro para cumplir con el mandamiento de amar al prójimo como a una misma, y así dar gloria a Dios. Nuestra productividad debe estar sellada con la diligencia con la que amamos a Dios y a las personas.

Reflexión: ¿Para que te estás entrenando? ¿Cómo complementas tu fe? ¿El ofrecer una cruz hace que sea un poco más liviana de llevarla? ¿Alguna de las mortificaciones de las semanas anteriores te ha ayudado a sentirte solidaria con aquellas personas que involuntariamente están privadas de cosas que damos por sentadas?

DÍA 42: Los Domingos son días de descanso, de 're-creación'. La laboriosidad no se trata de estar trabajando constantemente. Debe haber tiempo para orar y descansar que nos recuerden de la bondad de Dios.

> CIC 2185: Durante el Domingo y las otras fiestas de precepto, los fieles se abstendrán de entregarse a trabajos o actividades que impidan el culto debido a Dios, la alegría propia del día del Señor, la práctica de las obras de misericordia, el descanso necesario del espíritu y del cuerpo (cf CIC can. 1247). Las necesidades familiares o una gran utilidad social constituyen excusas legítimas respecto al precepto del descanso dominical. Los fieles deben cuidar de que legítimas excusas no introduzcan hábitos perjudiciales a la religión, a la vida de familia y a la salud. "El amor de la verdad busca el santo ocio, la necesidad del amor cultiva el justo trabajo (San Agustín, De civitate Dei, 19, 19)."
>
> 2186: Los cristianos que disponen de tiempo de descanso deben acordarse de sus hermanos que tienen las mismas necesidades y los mismos derechos y no pueden descansar a causa de la pobreza y la miseria. El domingo está tradicionalmente consagrado por la piedad cristiana a obras buenas y a servicios humildes para con los enfermos, débiles y ancianos. Los cristianos deben santificar también el domingo dedicando a su familia el tiempo y los cuidados difíciles de prestar los otros días de la semana. El domingo es un tiempo de reflexión, de silencio, de cultura y de meditación, que favorecen el crecimiento de la vida interior y cristiana.

No podemos discutir la laboriosidad sin reflexionar en el esparcimiento sagrado. El trabajo duro debe detenerse para respetar los Días Santos de Dios. Jesús dijo que el Sabbath/Domingo fue creado para el hombre, no el hombre para el Sabbath/Domingo—así como el trabajo fue creado para el hombre, no el hombre para el trabajo. Dios sabe lo que necesitamos para crecer en santidad y por ello nos dio trabajo y descanso. Necesitamos un tiempo para rejuvenecer nuestros cuerpos y espíritus para que podamos seguir trabajando diligentemente para darle honor a Él. Debemos dedicar tiempo a enfocarnos en la bondad de Dios sin que nos distraigan los caminos del mundo. Vivimos en el mundo, pero no estamos hechas para *atarnos* a él. Para recordarlo, ¿podemos alejarnos de los compromisos mundanos por un día? Este ritmo de vida nos santifica.

Los Domingos nos recuerdan lo que necesitamos. Necesitamos nuestra Eucaristía del Señor. Necesitamos una comunidad verdadera, en persona. Necesitamos amor. Necesitamos comida saludable y agua. Necesitamos un techo y descanso.

Recordamos a *Quién* pertenecemos mientras gozamos de la naturaleza, jugamos con los niños, tomamos una siesta, cenamos con amigos, pero especialmente tomándonos tiempo para alabar al Señor en la misa del Domingo.

Las mortificaciones de *Magnificaré 90* son para ayudarnos a desprendernos, pero una disminución de los ayunos el dia Domingo puede recordarnos que tenemos la esperanza de la felicidad eterna. Las cosas a las que hemos renunciado no son necesarias para convertirnos en Santas, pero pueden refrescarnos un poco mientras celebramos la Pascua de una manera más pequeña cada Domingo porque ¡Jesús ha triunfado sobre la muerte! Siendo humildemente honestas veremos no necesitamos las noticias 24/7, redes sociales, alcohol, dulces, maquillaje y ciertamente no necesitamos estar definidas por un numero en la balanza, ni tampoco necesitamos accesorios y ropa bonita. Estas cosas pueden ser de ayuda y beneficio cuando se usan de una forma correcta, pero no son necesarias.

La relajación *no es una excusa para el pecado*. Cada vez que nos tomamos un tiempo para descansar, no dejamos de lado a nuestras virtudes. El libertinaje, embriaguez, gula, programas de televisión inapropiados, películas pervertidas, comportamientos de lujuria, pláticas de habladurías...esto nunca está bien, ni siquiera en nuestro día "libre". El hecho de que nos portamos "bien" toda la semana no nos da un pase libre. El pecado es pecado, cuando sea que ocurra.

Reflexión: ¿Has usado el entretenimiento o el descanso como una excusa para descuidar tu práctica de la virtud? ¿Cómo puedes magnificar al Señor a través de la creación y la recreación?

Pureza + Modestia

DÍA 43: La virtud de la pureza influye en la virtud de la modestia y a pesar de que las dos se intercambian diariamente en las conversaciones, tienen diferencias. Debemos practicar las dos mientras buscamos engrandecer al Señor como lo hizo María.

> CIC 2518: La sexta bienaventuranza proclama: "Bienaventurados los limpios de corazón porque ellos verán a Dios" (Mt 5,8). Los "corazones limpios" designan a los que han ajustado su inteligencia y su voluntad a las exigencias de la santidad de Dios, principalmente en tres dominios: la caridad (cf 1 Tm 4, 3-9; 2 Tm 2 ,22), la castidad o rectitud sexual (cf 1 Ts 4, 7; Col 3, 5; Ef 4, 19), el amor de la verdad y la ortodoxia de la fe (cf Tt 1, 15; 1 Tm 3-4; 2 Tm 2, 23-26). Existe un vínculo entre la pureza del corazón, la del cuerpo y la de la fe: Los fieles deben creer los artículos del Símbolo "para que, creyendo, obedezcan a Dios; obedeciéndole, vivan bien; viviendo bien, purifiquen su corazón; y purificando su corazón, comprendan lo que creen" (San Agustín, De fide et Symbolo, 10, 25).
>
> 2519: A los "limpios de corazón" se les promete que verán a Dios cara a cara y que serán semejantes a Él (cf 1 Co 13, 12, 1 Jn 3, 2). La pureza de corazón es el preámbulo de la visión. Ya desde ahora esta pureza nos concede ver *según* Dios, recibir al otro como un "prójimo"; nos permite considerar el cuerpo humano, el nuestro y el del prójimo, como un templo del Espíritu Santo, una manifestación de la belleza divina.

Las mujeres puras de corazón y modestas en los hechos muestran *justicia* hacia los demás y honran a Dios; lo cual es ser caritativa. Ser modesta es tomar decisiones *prudentes* en cuanto a nuestra apariencia y a nuestras intenciones, mientras que ser pura de corazón requiere sabiduría y razón dentro de la *prudencia*; se necesita *fortaleza* para resistir a las tentaciones de asimilarse a la cultura moderna; y es un verdadero ejercicio de *templanza* moderar nuestros pensamientos, nuestros deseos y nuestras actitudes. ¡Las virtudes de pureza y modestia se basan en todas las virtudes cardinales!

Algunos pueden ver la modestia como algo que restringe nuestro sentido del estilo o es una carga injusta dadas las opciones modernas de moda y vestimenta; pero esta semana esfuérzate en ver que la modestia es realmente el reflejo de un corazón puro—aquel que desea el mayor bien (el cielo) para todos y que nunca desea engrandecer a otro que no sea Jesús. La modestia no tiene que ver realmente con lo que no podemos usar; se trata de los deseos de nuestro corazón y de las almas de los demás a las que estamos llamadas a atesorar.

Podemos dejar que nuestras personalidades y gustos únicos brillen externamente, pero al desear ser santas, nuestras almas y nuestros cuerpos deben apuntar a los demás y a nosotras mismas hacia Dios. Si buscamos que sea Dios lo que la gente vea cuando nos mira, entonces ciertamente nos encontraremos menos preocupadas por la moda y por la necesidad de aprobación impulsada por la apariencia. Necesitamos cuidar de nosotras mismas y no ser tan ofensivas con los demás como para que no se acerquen a nosotras, pero la belleza verdadera irradia de un alma pura.

Todas tenemos una dignidad intrínseca; todas somos valiosas y dignas del Cielo en los ojos de Dios. Los cuerpos humanos no son para la lujuria, orgullo, vanidad, o para un sin número de pecados. Si éstas son las cosas para las que nuestros cuerpos *no* fueron creados, entonces ¿quiénes somos? ¿Para qué estamos hechas?

Reflexión: ¿Consideras que tu corazón es puro? ¿Estás motivada internamente por el deseo del cielo? ¿Qué conexiones puedes establecer entre cómo te sientes por dentro y cómo te ves o quieres verte por fuera? ¿Necesitas cambiar tu *apariencia* para alinearte mejor con aquel a quién ~~a~~ tu corazón le pertenece? ¿Necesitas cambiar tu *corazón* para reflejar quién eres? ¿Como te han afectado los días sin maquillaje? ¿Los has esquivado? ¿Los has acogido? ¡Eres hermosa!

DÍA 44: Nuestra búsqueda de la santidad, del cielo, empieza en el corazón. Nuestra alma está sostenida por el Espíritu Santo, pero la práctica de las virtudes ayudará' a purificar nuestro corazón.

> "Aquellos cuyos corazones son puros son templos del Espíritu Santo" - Sta. Lucía

> La Sabiduría es un espíritu amigo de los hombres, pero no dejará sin castigo las palabras del blasfemo, porque Dios conoce sus impulsos, vigila sus pensamientos y escucha sus palabras. - Sabiduría 1: 6

> Evita, pues, los deseos desordenados, propios de la juventud. Busca la justicia y la fe, y procura vivir en amor y paz con aquellos que invocan al Señor con puro corazón. En cuanto a las cuestiones tontas e inútiles, evítalas. Bien sabes que originan peleas, y un servidor del Señor no debe ser peleador; al contrario, debe ser comprensivo para con todos, dispuesto a enseñar y paciente frente a las incomprensiones. Con dulzura tiene que reprender a los rebeldes: quizá Dios les concederá que se conviertan y descubran la verdad, 'liberándose de los lazos del diablo, que los tiene sometidos a su voluntad. –2 Timoteo 2: 22-26

Sta. Lucía vivió a comienzos del 4to siglo. Ella pidió a su madre que regalara su dinero a los pobres como Cristo lo ordenó, pero su madre quería esperar a que su muerte estuviera más cercana. Le dijo a su madre que lo puro era darlo ya, ser bondadosa ya, no esperar para un 'mejor' momento. Sta. Lucía murió como mártir cuando no quiso ofrecer sacrificios a dioses paganos, después que le sacaran los ojos.

Sta. Lucía es citada diciendo, cuando nuestros corazones están puros, podemos ser templos del Espíritu Santo, lo que nos lleva a la felicidad trascendente. Permitiendo que el Espíritu Santo haga puro nuestro corazón, no podemos dejar de magnificar al Señor. El Espíritu Santo es el *Amor que fluye* entre el Padre y el Hijo. La modestia en el alma puede describirse como tener un corazón puro; buscando el amor perfecto y la paz de Dios y evitando todas las ataduras carnales.

2 Timoteo tiene gentileza, enseñanza, corrección y tolerancia en la misma instrucción. En nuestros tiempos de tantas voces que compiten entre sí, podemos sentir que no pueden ir juntas. Podemos creer que debemos dejar que los demás tengan su propia 'verdad' por un sentido de justicia hacia su individualidad. (¿Y

quiénes somos nosotras para juzgar?) Pero si creemos que *la Verdad* existe, es *injusto* que permitamos que varias "verdades" estén flotando por ahí, sin al menos orar para ver si Dios nos está pidiendo que demos testimonio de palabra y obra. Somos las guardianas de nuestros hermanos y hermanas. La virtud no puede practicarse en el vacío. El objetivo de la virtud es ayudarnos a vivir en una relación correcta.

Múltiples verdades hacen que la misma palabra verdad se vuelva irrelevante. Dos pensamientos que difieren sobre la misma cosa en concreto no pueden ser simultáneamente verdaderos. Tal vez Dios quiere que seamos nosotras las que hablemos abiertamente con alguien en nuestra vida sobre la Verdad, pero puede que tampoco quiera que nosotras seamos esa persona. Por ello es importante ser dócil al Espíritu Santo uniendo, una vez más, las virtudes.

La tolerancia no quiere decir que dejemos que la gente se descarrile, en el nombre de la aceptación. ¡La caridad es amar tanto a las personas, que queremos que se vayan al cielo! Buscamos edificar amistades con los demás. Por dulzura y amor a la *persona*, somos capaces de sembrar semillas de fe, pero depende de Dios provocar el arrepentimiento de los corazones. Esto es modestia en el alma; humildad, reconocer que nosotras no podemos *salvar* a nadie. La pureza de corazón deja a Dios ser Dios.

Peleando con la gente, discutiendo maliciosamente con la gente que está equivocada, o posteando sentimientos irrespetuosos en las redes sociales no le hace bien a nadie. Nos lleva al pecado y no convierte a los demás. La conversión y el arrepentimiento nacen del amor. Un corazón puro nos permite ver a Dios como realmente es Él —mucho más grande del concepto que tenemos de Él. La esperanza que tenemos para la vida eterna es la creencia en la Verdad de que Dios trabaja más allá de nuestro entendimiento para extender la gracia a los demás. Siempre hay esperanza y un corazón puro nos recuerda que eso es lo que debemos compartir con los demás a través de las amistades auténtica e interacciones caritativas.

Reflexión: ¿Alguna vez te han corregido por una creencia equivocada dentro de la Iglesia Católica? ¿Cómo te la dieron y cómo la recibiste? ¿Hay alguien en tu vida que necesita recibir la Verdad? ¿Estás cultivando la bondad al corregir en lugar de discutir? ¿Eres prudente para transmitir siempre la Verdad, la Bondad, el Amor, con pureza de corazón, aún cuando la gente no camina en la Verdad (incluso cuando se habla de los políticos, quienes todavía tienen dignidad como humanos)?

DÍA 45: La pureza de nuestro cuerpo es importante para Dios, ya que estamos hechas a Su semejanza, como Su creación. Sta. Jacinta escuchó mucho sobre esto de Nuestra Señora de Fátima.

> "Los pecados que son la causa de que la mayoría de las almas se vayan al infierno son los pecados de la carne. Las modas ofenderán mucho a Nuestro Señor. La gente que sirve a Dios no debería de seguir las modas. La Iglesia no tiene modas. Nuestro Señor es siempre el mismo. Los pecados del mundo son muy grandes." – Nuestra Señora a Sta. Jacinta.
>
> Ser pura de cuerpo significa ser casta y ser pura de mente significa no cometer pecados; no mirar lo que no se debe ver, no robar ni mentir y siempre hablar con la verdad, aunque sea difícil." –Nuestra Señora a Sta. Jacinta
>
> Que les ilumine la mirada interior, para que vean lo que esperamos a raíz del llamado de Dios; y que entiendan la herencia grande y gloriosa que Dios reserva a sus santos; y comprendan con que extraordinaria fuerza actúa en favor de nosotros los creyentes. Su fuerza todopoderosa es la que se manifestó en Cristo, cuando lo resucitó de entre los muertos y lo hizo sentar a su lado, en los cielos, mucho más arriba que todo Poder, Autoridad, Dominio, o cualquier otra Fuerza Sobrenatural que se pueda mencionar, no sólo en este mudo, sino también en el mundo futuro. Dios, pues, colocó todo bajo los pies de Cristo y lo puso más arriba que todo, como cabeza de la Iglesia la cual es su cuerpo. En él permanece la plenitud de Dios, y él despliega en ella su plenitud. – Efesios 1: 18-23

Como podemos leer en Mateo 5:8, aquellos que son puros de corazón verán a Dios. Nuestros cuerpos son regalos de nuestro Creador para que podamos conocerlo y amarlo, para experimentar Su Divina Presencia a través de nuestros sentidos y no solamente con nuestro intelecto. Cuando dejamos que nuestros sentidos busquen complacernos a nosotras mismas, fuera de lo que Dios desea para nosotras, no tenemos un corazón puro; no estamos buscando el bien de los demás ni trayendo gloria a Dios. No podemos engrandecer al Señor cuando tenemos prioridades o deseos desordenados; ellos van en contra del Mayor Mandamiento. *Magnificaré 90* es un gran momento para organizar nuestros deseos de la manera correcta.

Aunque a menudo lo usamos para describir la "ubicación" del alma, el corazón es del cuerpo. Los sentidos de los demás no reconocen nuestra identidad en nuestro corazón porque está oculto dentro de nuestro pecho. Se nos reconoce más a menudo por nuestra cara, por nuestra cabeza. Cristo es la cabeza del cuerpo de los creyentes; la gente sabe que somos Cristianas porque seguimos a Cristo. Entonces en lugar del dicho que dice 'sigue a tu corazón', quizás deberíamos centrarnos más en seguir a nuestra cabeza, es decir, a Jesucristo. También tenemos un sello sobre nuestra cabeza que dice que Le pertenecemos a través del bautismo. ¿Permitimos que nuestro cuerpo confirme ese sello en la verdad visible? ¿Somos mundanas en nuestra apariencia al conformarnos con las tendencias que inducen a la lujuria o estamos honrando nuestra dignidad y la de los demás a través de una apariencia modesta (la cual aún puede ser edificante)? ¿Cómo nos apegamos a la comodidad corporal, a la lujuria y a la vanidad?

Recordando lo que Nuestra Señora de Fátima le dijo a Sta. Jacinta, aceptamos que el infierno es real y que los pecados de la carne llevan a más gente allí que otros pecados. También nos dice que las modas no son algo que deba preocupar a los Cristianos. Aparecen y se van, pero Dios es siempre el mismo. El sentido de estilo puede afirmar la feminidad si se hace de la manera correcta, pero muchas de las "modas" de hoy no tienen lugar en el closet de una mujer virtuosa. Debemos unir nuestros sentidos del cuerpo a las intenciones de nuestras almas. Porque Él es un Dios de misericordia, podemos buscar el perdón cuando fallamos. ¡Tenemos la esperanza del cielo porque seguimos tratando de purificar nuestros corazones!

Reflexión: ¿Que impurezas impulsadas por el cuerpo están saliendo a la luz durante este *Magnificaré 90*? ¿Demuestras que eres hija de Dios o que perteneces al mundo? ¿De qué maneras puedes revelar tu Cristiandad a través de tus acciones y apariencia? Utiliza la confesión y la Infinita Misericordia de Dios para que te renueves en Él.

DÍA 46: El alma que cuidamos no es externa, es interna. Por lo tanto, nuestra vestimenta y apariencia externa deben reflejar nuestra vida interior.

> No se preocupen tanto por lucir peinados rebuscados, collares de oro y vestidos lujosos, todas cosas exteriores. Sino que más bien irradie de lo íntimo del corazón la belleza que no se pierde, es decir, un espíritu suave y tranquilo. Eso sí que es muy precioso ante Dios. – 1 Pedro 3: 3-4
>
> CIC 2521: La pureza exige el pudor. Éste es parte integrante de la templanza. El pudor preserva la intimidad de la persona. Designa el rechazo a mostrar lo que debe permanecer velado. Está ordenado a la castidad, cuya delicadeza proclama. Ordena las miradas y los gestos en conformidad con la dignidad de las personas y con la relación que existe entre ellas.
>
> 2522: El pudor protege el misterio de las personas y de su amor. Invita a la paciencia y a la moderación en la relación amorosa; exige que se cumplan las condiciones del don y del compromiso definitivo del hombre y de la mujer entre sí. El pudor es modestia; inspira la elección de la vestimenta. Mantiene silencio o reserva donde se adivina el riesgo de una curiosidad malsana; se convierte en discreción.

En el pasaje de 1 Pedro parece difícil aceptar que nos gusta tener el pelo arreglado, accesorios y vestuario. El pasaje no dice que no podemos hacer esas cosas. Lo que está diciendo es que no deben ser nuestra prioridad. No nos ayudan a llegar al cielo, pero curiosamente *podrían* alejarnos del cielo. No debería ser en lo que estamos pensando, en lo que enfocamos nuestra energía, o donde gastamos nuestro dinero. La palabra "adorno" aquí fue traducida del griego "kosmos", que usualmente se traduce como "mundo". Así es que, efectivamente, el mundo del que se preocupan las mujeres debería ser nuestra vida interior. La forma en la que nuestra vida interior fluye exteriormente importa mucho más. Cómo nos vemos y lo que usamos debería estar afectado por nuestro amor a Dios, nuestro amor a los demás. Cada ser humano tiene dignidad y merece no ser guiado a la tentación por una hermana o hermano.

Dado que sabemos que nuestra alma es una creación eterna, debemos vestir nuestro cuerpo con algo más que la ropa física. Tratamos de vivir apartadas de la cultura que define a las mujeres por su habilidad de lucir bien en un vestido, pantaloneras, o pantalones capri de gimnasio. Usamos ropa por su funcionalidad, simplicidad Y somos conscientes de lo que podríamos estar trayendo a la mente de los demás. No podemos vestirnos para el cielo e ignorar el hecho de que somos las guardianas de nuestros hermanos y hermanas. El argumento usado en exceso de que las personas simplemente "no deberían mirar si van a ser tentadas o ponerse celosas" no es válido. En caridad y justicia, tratamos de ayudar a que los demás lleguen al cielo y el ser modestos en nuestra apariencia es parte de ello.

La Madre Bendita nunca atraería a nadie con un pensamiento o deseo impuro por su forma de ser o de vestir. Estamos llamadas a imitar esto en nuestro deseo de magnificar al Señor. Ciertamente, no tenemos que vestirnos mal, pero sí tenemos que ser modestas.

Reflexión: ¿Te sentirías modesta en *todas* sus prendas de vestir/trajes de baño en la presencia de nuestra Madre Bendita? ¿Te has tomado más tiempo en arreglarte para el día que en oración meditativa? ¿Cómo respetas la dignidad de los demás a través de tu propia dignidad? ¿Si tienes hijos, cómo practicas la modestia con ellos? ¿Cómo eliges tu ropa de domingo?

DÍA 47: Necesitamos enfocarnos en la incorruptibilidad a pesar de los esfuerzos del demonio y sus influencias en nuestra cultura sobre el sexo y la mínima creencia en el Dios verdadero.

> Porque es necesario que esto corruptible se vista de incorrupción, y esto mortal se vista de inmortalidad. Y cuando esto corruptible se haya vestido de incorrupción, y esto mortal se haya vestido de inmortalidad, entonces se cumplirá la palabra que está escrita: Sorbida es la muerte en victoria. ¿Dónde está, oh muerte, tu aguijón? ¿Dónde, oh sepulcro, tu victoria? –1 Corintios 15: 53-55

> "Cuando un hombre ama a una mujer, él debe de ser merecedor de ella. Entre más alta es la virtud de ella, más noble es su carácter, lo más devota que sea ella de la verdad, justicia, bondad, más el tiene que aspirar a ser merecedor de ella. La historia de la civilización puede en realidad ser escrita en términos de los niveles de sus mujeres." –Venerable Fulton Sheen

San Pablo en 1 Corintios nos dice por qué debemos de vestirnos con incorruptibilidad e inmortalidad; para que así la muerte no sea victoriosa sobre nosotras, así podremos ver el rostro de Dios. A eso se le llama la Visión Beatífica, ¡es el cielo! Sabemos que nuestros cuerpos actuales son imperfectos; corruptibles. Nos pueden llevar por el mal camino con muchos deseos insaciables contra la pureza de la mente y del cuerpo. No podemos servir a dos amos, o es Dios o nuestros sentidos. Siempre estaremos buscando algo que no sea Dios a menos que nos esforcemos por la virtud. Luchar por la pureza del corazón nos mantiene enfocadas sólo en Dios y trabajando por la felicidad eterna — la santidad.

La mayoría de nosotras queremos agradar a los demás y queremos ser felices ahorita. Esos deseos están en desacuerdo con la verdad del amor de Dios y Su deseo de felicidad eterna para nosotras. Desafortunadamente, la gente siempre nos va a decepcionar—no siempre podemos ser queridas. Por lo tanto, nuestra vida no puede girar en torno a agradar a los demás. Podemos intentar ser felices—pero hasta que no estemos en la plenitud de Dios en el Cielo, sabemos que no vamos a estar plenamente felices. Por lo tanto, la felicidad es como una maratón larga; con la eternidad como meta final.

Vivir las virtudes y vivir una vida llena de gracia a través de los Sacramentos son las maneras de alcanzar la meta. Los humanos somos mal guiados cuando ignoramos los deseos del alma y vivimos solamente para los deseos del cuerpo. Cuando vamos tras los placeres corruptibles y mortales, perdemos de vista aquello de lo que realmente debemos tener sed: sólo de Dios. Cuando estamos en búsqueda de la modestia y pureza del corazón, no podemos permitir que las normas del mundo definan nuestro estilo de vida.

Seguramente todas estamos al tanto del profundo dolor que la pornografía causa a los afectados por ella, y los efectos del "éxito" de esa industria están muy extendidos. La exploración sexual y los comportamientos y actitudes de lujuria se han extendido a todos los aspectos de la vida secular. La opinión de las mujeres sobre sí mismas está especialmente influenciada por esta cultura. En general, luchamos contra la depresión, trastornos de la alimentación, y ansiedad porque sentimos que nuestra dignidad y valor están en nuestra sexualidad y apariencia. Parece estar fuera de control, ya que gastamos más y más en la membresía de un mega gimnasio caro, bótox, u otra alteración física, pastillas de dieta, ropa reveladora para demostrar que hemos trabajado duro en nuestro cuerpo y comida planeada / estatus alimenticio. Muchas priorizan su día en torno a hacer ejercicio en lugar de orar. Muchas ven programas escandalosos, donde se idolatra al-cuerpo y llenan sus tardes con éstos para escapar a un mundo de fantasía que las distrae de la Verdad. No podemos darnos cuenta de que somos dignas del amor de Dios cuando ni siquiera actuamos como si los humanos merecen respeto y dignidad. Nos perdemos a nosotras mismas cuando buscamos nuestro valor en el mundo que no nos ama como Dios lo hace. Él ve nuestro potencial de bondad mientras que la cultura busca utilizarnos para su propio beneficio.

Es por esto que el Venerable Fulton Sheen dijo que las mujeres deben de ser nobles, para que los que están alrededor nuestro sean llamados también a una forma de vida más elevada. Debemos empezar por valorarnos a nosotras mismas, como hijas de Dios, como genios femeninas. Tenemos que creer que SOMOS dignas del sacrificio de Jesús, de su amor puro y de nuestro llamado a la santidad. Debemos rebelarnos contra el camino de un mundo sexualizado y que busca la comodidad. Tenemos que dejar de intentar encajar con los demás, y en cambio destacar en nuestra práctica de la virtud.

Reflexión: ¿Cómo has luchado con los efectos de la pornografía y el nivel que ha establecido para la sexualidad de las mujeres? ¿De qué maneras estás combatiendo las mentiras del demonio de que no eres apta para ser una luz donde brille la Verdad, la Belleza y La Bondad? ¿Ves alguna conexión personal entre el nivel más bajo de virtuosidad y comportamiento moral que las mujeres aceptan como "normal" y la forma en que la sociedad se comporta? ¿Has echado de menos ver algún programa secular de televisión durante este *Magnificaré 90*? ¿Y por qué?

DÍA 48: Nuestra percepción de la modestia está fuertemente influenciada por nuestras compañeras, nuestro consumo de medios de comunicación y el entretenimiento que buscamos. Siembras lo bueno, cosechas lo bueno.

> CIC 2524: Las formas que reviste el pudor varían de una cultura a otra. Sin embargo, en todas partes constituye la intuición de una dignidad espiritual propia al hombre. Nace con el despertar de la conciencia personal. Educar en el pudor a niños y adolescentes es despertar en ellos el respeto de la persona humana.
>
> "Ni la caridad ni la modestia pueden subsistir sin gran humildad y mortificación interna de la voluntad propia, humor propio y curiosidad. La conexión de estas virtudes debería animar mucho a las almas religiosas a practicarlas; la una llevará a la otra." –Sta. Clara
>
> Ama a Dios, sirve a Dios, todo está en eso." – Sta. Clara

La pureza es siempre la misma, pero la modestia secular está casi siempre relacionada a cómo la gente de la época y del lugar ve la dignidad de la persona. La modestia es algo relativa a la cultura. La 'regla' de no tener los codos o tobillos desnudos de hace dos siglos no es parte de la modestia de hoy. Antes era inapropiado tener incluso palabras nominalmente profanas en anuncios, televisión, o música, ¡pero ahora no lo es en absoluto! Los hombres solían siempre usar trajes para ir a misa o a la oficina, pero de nuevo, esta norma cultural ha pasado. Debido a que nuestro mundo se acerca cada vez más y más a la anti-religión y a la falta de una comprensión básica de la dignidad, nos damos cuenta cómo niñas de 10 años terminan usando blusas cortas con la aprobación de sus madres y luego terminan deprimidas cuando son tratadas como objetos y no como un ser querido.

Estas virtudes reconocen que no somos el poder más alto, nos cubrimos por humildad y respeto por lo Sagrado y lo Divino. Si aceptamos que somos llamadas a ser santas—puestas aparte, diferenciadas—nuestra vida cotidiana debe ser diferente a la de alguien que ve televisión basura y películas con contenido sexual. Nosotras escogemos la moda que transmite dignidad humana en lugar de apetitos sexuales. Invitamos a nuestros vecinos a una cena estilo familiar en lugar de irnos a los clubes. Al vivir una vida virtuosa, podemos llamar la atención sobre la razón de nuestra alegría: ¡Dios! Hacer amistad con los que luchan por la pureza nos puede ayudar a evangelizar e invitarlos, pero nunca nos doblegamos ante la presión de asimilar. El diferenciarnos quiere decir justo eso: no dejarse absorber por la cultura.

Es más probable que caigamos en el pecado cuando somos distraídas por cosas de la carne, incluyendo el tomar, la gula, sobreexponernos a los medios sociales, a los deportes y los chismes. Como escribió Santa Clara más arriba... seamos humildes y luchemos contra nuestros deseos egoístas ¡para que así la pureza se convierta en una de nuestras virtudes!

Reflexión: ¿Una mujer sin pecado vería esto / escucharía a esto / se pondría esto / haría esto? Si la respuesta es no, NO lo hagas. Es tentador justificar comportamientos y deseos porque somos "solo humanas", pero no estás hecha para conformarte. ¡Estás hecha para ser santa! ¿En qué momento de tu jornada has visto que el amor lleva a la pureza, y/o la pureza al amor? ¿Si la pureza y la modestia ya están arraigadas en ti, como estás animando a tus hijos o amigas?

DÍA 49: La única opinión valiosa es la de Dios y Él dice que tu eres amada, puedes confiar en Él, y puedes ser de corazón puro. Estás hecha para el Cielo. Vive tu vida interna y externamente para ser una santa.

> Por eso, sométanse a Dios; resistan al diablo y huirá de ustedes; 'acérquense a Dios y Dios se acercará a ustedes'. Purifiquen sus manos si han cometido el mal, y santifiquen sus corazones si están dudando. –Santiago 4: 7-8
>
> Y si tu mano es para ti ocasión de pecado, córtatela; porque es mejor perder una parte de tu cuerpo y no que vayas entero al infierno. –Mateo 5: 30
>
> Nos preocupamos en toda circunstancia por no dar a otros ninguna ocasión de tropiezo ni de criticar nuestra misión. Al contrario, en todo demostramos ser auténticos ministros de Dios: somos muy perseverantes; soportamos persecuciones, necesidades, angustias; azotes, cárcel, motines, fatigas; noches sin dormir y días sin comer. En nosotros, la gente puede ver pureza de vida, conocimiento, paciencia y bondad, actuación del Espíritu Santo y amor sincero. En nosotros está la verdad y la fuerza de Dios. Luchamos con las armas de la justicia, tanto para atacar como para defendernos. Unas veces nos honran, y otras nos insultan; recibimos tanto críticas como alabanzas. Pasamos por mentirosos, aunque decimos la verdad; por desconocidos, aunque nos conocen; nos dan por muertos y vivimos; se suceden los castigos y todavía no hemos sido ajusticiados. Nos creen afligidos, y permanecemos alegres; tenemos apariencia de pobres, y enriquecemos a muchos; parece que no tenemos nada y todo lo poseemos. –2 Corintios 6: 3-10

Siempre debemos aspirar al Cielo. Debemos buscar al Señor con tal abandono que no haya espacio para el trabajo del diablo. El purgatorio no es la meta y si lo es, necesitamos darnos cuenta de que el sufrimiento del purgatorio es conocer lo grande que es Dios y qué tan lejos estamos aún de Su plenitud. ¿Tenemos que cambiar nuestro estilo de vida para reflejar lo que nuestros corazones anhelan? ¡Arranquen el pecado y tírenlo, hermanas! No hay término medio cuando se trata de la pureza porque si le damos una pulgada al diablo, él viene y agarra una milla. Debemos dejar que Dios purifique nuestra fe, nuestros corazones y los deseos del cuerpo a través de nuestra propia búsqueda de la virtud. Como dice Sta. Teresa, "no puedes ser media santa, tienes que ser una santa completa, o no ser santa."

Resistir al diablo le quita el poder de sus manos y ayuda a nuestro crecimiento virtuoso. Si ahorita no podemos resistir al diablo con respecto a la pureza, necesitamos hacer un cambio. Tenemos que dejar de escuchar esa voz que nos dice que debemos lucir de cierta manera para ser valoradas, o que debemos tener cierta cosa para ser dignas. Somos dignas del amor de Dios y somos valoradas por Él por el solo hecho de nuestra creación. ¿Podemos dejar de estar apegadas a ser valoradas o ser consideradas dignas por otras personas? A esto se le llama el pecado de la aceptación humana y cae bajo el orgullo, pero también se ve afectado por vicios contra la pureza y la modestia. Quizás una de las partes más desafiantes de *Magnificaré 90* es rezar la Letanía de la Humildad a diario y que *realmente* la sintamos. Ésta será una jornada de por vida, entonces recemos para que el Señor purifique nuestras intenciones de engrandecerlo y para que nos de la fuerza para alcanzar la meta.

Reflexión: "Puede que tú seas el único evangelio que alguien lee." Lleva los versículos de la escritura en tu corazón hoy. Ora con ellos, escribe en tu diario, medita sobre cómo se relacionan con tus luchas actuales. ¿Qué ataduras has encontrado durante *Magnificaré 90*: cómo puedes "cortarlas" para que la última mitad sea más libre? ¿Como puede la alegría apoderarse realmente de tu alma? ¿Quién o qué gobierna realmente tu vida?

Espíritu de Oración

DÍA 50: En esta semana nos enfocamos en la oración como una virtud y en nuestra invitación como Cristianas a *orar sin cesar*.

> CIC 2697: La oración es la vida del corazón nuevo. Debe animarnos en todo momento. Nosotros, sin embargo, olvidamos al que es nuestra Vida y nuestro Todo. Por eso, los Padres espirituales, en la tradición del Deuteronomio y de los profetas, insisten en la oración como un «recuerdo de Dios», un frecuente despertar la «memoria del corazón»: «Es necesario acordarse de Dios más a menudo que de respirar» (San Gregorio Nacianceno, Oratio 27 [teológica 1], 4). Pero no se puede orar «en todo tiempo» si no se ora, con particular dedicación, en algunos momentos: son los tiempos fuertes de la oración cristiana, en intensidad y en duración.
>
> 2743: *Orar es siempre posible*: El tiempo del cristiano es el de Cristo resucitado que está con nosotros "todos los días" (Mt 28, 20), cualesquiera que sean las tempestades (cf Lc 8, 24). Nuestro tiempo está en las manos de Dios: «Conviene que el hombre ore atentamente, bien estando en la plaza o mientras da un paseo: igualmente el que está sentado ante su mesa de trabajo o el que dedica su tiempo a otras labores, que levante su alma a Dios: conviene también que el siervo alborotador o que anda yendo de un lado para otro, o el que se encuentra sirviendo en la cocina [...], intenten elevar la súplica desde lo más hondo de su corazón» (San Juan Crisóstomo, De Anna, sermón 4, 6).
>
> 2744: Orar es una necesidad vital: si no nos dejamos llevar por el Espíritu caemos en la esclavitud del pecado (cf Ga 5, 16-25). ¿Cómo puede el Espíritu Santo ser "vida nuestra", si nuestro corazón está lejos de él? [...]

La oración no es *opcional* en la vida Cristiana. Como dice el *Catecismo*, orar en todo momento no es lo mismo que *decir oraciones* todo el tiempo. Orar en todo momento parece invitar a Dios a nuestra vida en el momento presente. Pueden ser oraciones rutinarias memorizadas; leer las escrituras y meditar sobre ellas; o pueden ser cantos de alabanzas, recitando los salmos. Pero sobre todo, es mantener una conversación con Dios durante todo el día. Cuando vamos a correr, cuando vamos a la tienda, cuando hablamos con amigas o familiares (incluso aquellos que nos irritan), cuando estamos trabajando en la computadora o en la oficina, o cuando salimos a cenar o preparamos una comida; todo lo que hacemos puede ser ofrecido a Dios para Su gloria mientras buscamos engrandecerlo. Cada momento de cada día es una oportunidad para ser amada y para compartir el amor. El amor es una oración. Practicar la virtud es una oración y también lo es reconocer nuestros defectos cuando se los ofrecemos a Dios.

Dios quiere que tengamos una relación con Él; que lo consideremos ambos Padre y amigo por encima de todos los amigos. Nuestros 90 días de crecer en virtud para poder magnificarlo, sólo puede funcionar si oramos; de lo contrario podemos caer fácilmente en el orgullo pensando que hemos logrado una vida de mortificación en lugar de una ofrenda de devoción y deseo de santidad en el desprendimiento.

Dios es siempre fiel y aquellos que se mantienen en contacto con Él pueden reconocer Su amada presencia en medio de los desafíos. Cuando nos mantenemos arraigadas en conversación con Dios, podemos identificar mejor nuestros pecados y defectos; podemos huir de los vicios y buscar la virtud tratando de compartir Su amorosa bondad con los demás.

Señor Jesús, Humilde Gobernante, viniste al mundo y nos enseñaste por medio de la palabra y ejemplo a orar y la importancia de la oración continúa. Estamos agradecidas por guiarnos pacientemente y te pedimos que continúes derramando tu gracia en nuestras vidas. Invitamos humildemente a tu Espíritu Santo a que nos guíe en todo momento para que podamos cumplir cada vez más Tu Santísima Voluntad. Amén.

Reflexión: ¿Has intentado aumentar tu vida de oración durante *Magnificaré 90*? ¿Ofrecer mortificaciones por los demás ha hecho que la autonegación se sienta como una oración? ¿Puedes afrontar mejor una situación difícil orando en tu mente mientras sucede? Identifica hoy una parte rutinaria de tu día a día en la que puedas tener una conversación con Dios.

DÍA 51: Aunque no queremos que la oración se convierta en una obligación más que tenemos que cumplir, tenemos que cultivar el hábito de preguntarle a Dios que es lo que Él piensa de cualquier situación que se nos presente. "Él debe aumentar; Yo debo disminuir." (Juan 3: 30)

> CIC 2725: La oración es un don de la gracia y una respuesta decidida por nuestra parte. Supone siempre un esfuerzo. Los grandes orantes de la Antigua Alianza antes de Cristo, así como la Madre de Dios y los santos con Él nos enseñan que la oración es un combate. ¿Contra quién? Contra nosotros mismos y contra las astucias del Tentador que hace todo lo posible por separar al hombre de la oración, de la unión con su Dios. Se ora como se vive, porque se vive como se ora. El que no quiere actuar habitualmente según el Espíritu de Cristo, tampoco podrá orar habitualmente en su Nombre. El "combate espiritual" de la vida nueva del cristiano es inseparable del combate de la oración.
>
> "El objetivo de nuestra vida de oración es vaciarnos y llenarnos de la Trinidad." -Madre Angélica

La propia capacidad de orar es un regalo de Dios, una gracia. Pero como con cualquier gracia, tenemos que *recibir* el regalo y abrirlo; tenemos que *hacer* algo con ese regalo. La oración puede parecer a menudo imposible porque tenemos que buscar una relación con el Creador del mundo, quien es más grande que nuestro concepto del tiempo y espacio. El diablo nos tentará en pensar que no tenemos tiempo para orar, que no necesitamos orar, o quizás el diablo hasta quiera intentar convencernos de que no podemos orar por nuestros pecados, nuestras dudas, o nuestro profundo y secreto autodesprecio. Debemos de reconocer esto y ¡detenerlo en seco! Nuestra única respuesta justa a la "invitación a unirnos a Dios" es formando el hábito de la oración.

Si queremos tener una vida en la tierra que lleve a la felicidad eterna, tenemos que orar a pesar de lo ocupadas que estamos, debemos orar cuando no tenemos nada que decir e indudablemente tenemos que orar aún cuando hayamos pecado, dudado y nos hemos avergonzado. Si no podemos encontrar las palabras que decir, la lectura de Salmo 139 es un buen lugar para comenzar, o El Padre Nuestro, o simplemente repite *¡Jesús en ti confío!* El solo hecho de empezar es a veces la parte más difícil.

Dios no se verá reflejado por nuestras vidas si estamos llenas de nosotras mismas y de nuestros propios intereses. Durante nuestros 90 días en este "desierto", intentamos deshacernos de nuestros vicios, para así poder vivir una vida en el Espíritu. Sabemos muy bien que es fácil cansarse y quizás incluso abandonar nuestra vida de oración si no estamos en búsqueda de la virtud intencionalmente. Y en el momento que pensamos que ya lo tenemos todo resuelto, necesitamos orar para que Dios nos revele los lugares en los que estamos ignorando nuestra necesidad de crecimiento.

Ven Espíritu Santo y llena lo que hemos vaciado, listas y esperando ser llenadas por ti. Que nunca olvidemos la fidelidad de Dios que da vida, para que no caigamos en las tentaciones del mundo que agotan la vida. Salgamos renovadas, refrescadas y llenas de amor para servir a Dios en los lugares a donde Él nos llama. Amén.

Reflexión: El desprendimiento puede ser un proceso largo y doloroso. ¿Con qué estás luchando todavía a este punto de Magnificaré 90? ¿A qué crees que se debe? Presenta tus ataduras en oración y pide sinceramente a Dios que te ayude a desprenderte. Si no *quieres* hacer eso, reza para que *quieras* hacer esa oración.

DÍA 52: Hay una experiencia irónica de estar en el desierto para librarnos de las tentaciones que nos induce a nuevas tentaciones de desesperación o escrupulosidad. Jesús también experimentó ataques espirituales del diablo en el desierto, así que podemos sentir consuelo caminando en Sus pasos.

> Regocíjese en la esperanza, soportar en la aflicción, perseverar en la oración. -Romanos 12: 12
>
> CIC 1817: La esperanza es la virtud teologal por la que aspiramos al Reino de los cielos y a la vida eterna como felicidad nuestra, poniendo nuestra confianza en las promesas de Cristo y apoyándonos no en nuestras fuerzas, sino en los auxilios de la gracia del Espíritu Santo. [...]
> CIC 1821: Podemos, por tanto, esperar la gloria del cielo prometida por Dios a los que le aman (cf Rm 8, 28-30) y hacen su voluntad (cf Mt 7, 21). En toda circunstancia, cada uno debe esperar, con la gracia de Dios, "perseverar hasta el fin" (cf Mt 10, 22; cf Concilio de Trento: DS 1541) y obtener el gozo del cielo, como eterna recompensa de Dios por las obras buenas realizadas con la gracia de Cristo. En la esperanza, la Iglesia implora que "todos los hombres [...] se salven" (1 Tm 2, 4). Espera estar en la gloria del cielo unida a Cristo, su esposo. *"Espera, espera, que no sabes cuándo vendrá el día ni la hora. Vela con cuidado, que todo se pasa con brevedad, aunque tu deseo hace lo cierto dudoso, y el tiempo breve largo. Mira que mientras más peleares, más mostrarás el amor que tienes a tu Dios y más te gozarás con tu Amado con gozo y deleite que no puede tener fin"* (Santa Teresa de Jesús, Exclamaciones del alma a Dios, 15, 3)

Tal vez hayamos experimentado previamente una bonita conexión con Dios; el sabor de la felicidad trascendente. Pero mientras estemos en la tierra, todavía estamos expuestas a las tentaciones del diablo, y tenemos sentimientos que nos convencen de que estamos aisladas y puede que incluso estemos deprimidas. Por muy cerca que nos hayamos sentido alguna vez del Señor, en otros momentos nos sentimos muy lejos. Podemos llorar lágrimas de tristeza y pensar que nunca volveremos a sentir Su abrazo amoroso. Nuestros sentimientos nos pueden llevar a la desesperación, los sentimientos son a menudo el patio de recreo del diablo. Debemos aferrarnos a la *Verdad* revelada e incluso desprendernos de nuestras emociones.

Sabemos que recibimos gracias, sin embargo, Dios permite que nos sintamos tentadas por las pruebas de esta vida. Nos falta el sabor de la felicidad trascedente durante (largos) períodos de tiempo. Buscando de nuevo esa profunda conexión con Dios, visitamos la capilla de adoración, nos confesamos y recibimos el Santo Sacramento en la misa, cantamos una canción de alabanza, o leemos escrituras que nos levanten. Nada cambia en nuestras emociones. Cuando ya hemos hecho "todas" las cosas personales e internas, podemos buscar la comunión con Dios, pero tenemos que recordar que Él también se encuentra fuera de nosotras y de nuestras expectativas—en los demás y en la Verdad y en *el ser* (no en el hacer). Tenemos que amar a Dios por lo que Él es y anhelar Su paz en nuestras almas que solo podemos encontrar en la oración y en el servicio a los demás.

A pesar de nuestras emociones humanas, la sequedad *debe* animarnos a perseverar en la oración porque incluso nuestras ataduras a los sentimientos interferirán con nuestro deseo profundo de ser santas. ¿Nos agrada el *sentimiento* de la unión con Dios? ¿Claro que sí, pero acaso esa es la razón por la que oramos? Hasta los mejores santos han sentido la soledad en la oración que se le describe como "sequedad" - porque pareciera que el Agua Viva está lejos de ellos, como en un desierto. Es allí donde entra la virtud teológica de la esperanza. A pesar de la sequedad podemos tener comunión con Dios.

La oración, como la regadera que satisface la sed de Dios en nuestras almas, nos abre los ojos a la misericordia y al amor. La oración *es* esperanza. Tenemos la esperanza que el Señor nos concederá vida eterna porque confiamos en Su misericordia. Tenemos la esperanza que, sedientas de Su justicia, nos convertiremos en santas. El desierto es el lugar perfecto para orar por la esperanza, *en esperanza*.

Querido Señor, gracias por el obsequio de los fieles que han vivido antes que nosotros y han modelado lo que es perseverar en oración. Danos la fuerza para superar cualquier tentación de no rezar y nunca nos cansemos en la batalla para crecer en intimidad contigo. Amén. ¡San Miguel, ruega por nosotros!

Reflexión: ¿Cómo identificas los ataques espirituales? ¿Cuáles son los rasgos distintivos de los ataques del demonio a tu alma en particular? ¿Cómo puedes darte el tiempo para orar incluso cuando parece fastidioso o imposible? El día de hoy mantén a Dios siempre presente a través de tus sentidos; prende una vela cuando reces, escucha cantos o alabanzas, coge un rosario o una cruz pequeña en tu palma, usa agua bendita, si puedes recibe la Eucaristía. ¿Cómo se afectan tus sentimientos al llenar tus sentidos con objetos de fe? Para una meditación más profunda, lee 2 Corintios 1:1-11 y CIC 1820.

DÍA 53: Podemos estar tentadas a evitar el tiempo dedicado a la oración si sentimos que no podemos hacerlo de forma apropiada. Ese es el diablo que está hablando. La oración debe abarcar toda nuestra vida. Dios quiere todo nuestro corazón, no solamente una bendición antes de las comidas.

> CIC 2729: La dificultad habitual de la oración es la distracción. En la oración vocal, la distracción puede referirse a las palabras y al sentido de éstas. La distracción, de un modo más profundo, puede referirse a Aquél al que oramos, tanto en la oración vocal (litúrgica o personal), como en la meditación y en la oración contemplativa. *Dedicarse a perseguir las distracciones es caer en sus redes*; basta con volver a nuestro corazón: *la distracción descubre al que ora aquello a lo que su corazón está apegado*. Esta humilde toma de conciencia debe empujar al orante a ofrecerse al Señor para ser purificado. El combate se decide cuando se elige a quién se desea servir (cf Mt 6:21, 24).
>
> Permitir deliberadamente que la mente divague en la oración es pecado e impide que la oración de fruto. Es en contra de esto que [St.] Agustín dice en su Regla: *"Cuando le ores a Dios con salmos e himnos, permite que tu mente ponga atención a lo que tus labios pronuncian."* Pero divagar en la mente involuntariamente no priva a la oración de su fruto. Por ello [San] Basilio dice "*Si estás verdaderamente debilitado por el pecado que no puedes orar atentamente, esfuérzate todo lo que puedas para frenarte a ti misma y Dios te perdonará, viendo que no puedes pararte en Su presencia de una manera apropiada, no a través de negligencia, pero a través de la fragilidad."* –St. Tomas Aquino, *Summa Theologiae* II-II, Q83 a13r3
>
> Ya ves, debo estar en casa con Dios; entonces toda mi vida se convierte en una oración. ¡No puedo hablar con Dios si no he "vivido" una oración todo el día!... No se puede llegar corriendo desde el mundo y llenarse de sus preocupaciones." – Madre Angélica (Madre Angélica. *Pequeño Libro de Lecciones de Vida y Espiritualidad Cotidiana/Little Book of Life Lessons and Everyday Spirituality* (2007) Doubleday)

Nuestra búsqueda del espíritu de oración como virtud será sustancialmente, incluso infinitamente difícil si no nos esforzamos por eliminar el pecado de nuestras vidas. Necesitamos humildad para orar como debemos, porque *Él es Dios, y nosotras no*. Es verdaderamente necesario que hagamos nuestra vida de siempre, cuidando a nuestra familia o nuestro apostolado, dándole a nuestro cuerpo sus necesidades básicas, trabajando como Dios quiso que participáramos en Su creación. Pero el espíritu de oración es tomarnos tiempo intencionalmente para estar en silencio y darle la atención sólo a Dios. No podemos rezar una oración antes de dormir por 20 segundos y pensar que nuestra relación con nuestro Creador va a prosperar.

La oración es una virtud dentro de la justicia porque es *justo* escuchar y enfocarse silenciosamente en Él, nuestro Creador. Se necesita fe para permitir que nuestra mente se enfoque sólo en Dios porque eso significa que estamos entregando el control—de todas las otras cosas en las que estamos pensando—a Él. Las cosas que nos distraen deben pasar por nuestra mente hacia el Señor y ser liberadas de la obsesión o ansiedad.

¿Estamos atadas a las tareas del trabajo/casa? ¿O al horario de nuestros hijos? ¿A nuestro propio hambre o cansancio? Si ya le hemos ofrecido ésto al Señor al experimentarlo o planearlo, entonces nuestro tiempo de oración puede ser intencionalmente calmado. Cuando los pensamientos nos distraen de permanecer en silencio en el Señor, debemos ofrecerlos como peticiones y luego retornar rápidamente al ámbito de la adoración a Dios simplemente por Quien Él es. No solamente toda nuestra vida puede ser una oración, pero las distracciones de la intimidad con el Señor deberían ser parte de nuestras intenciones.

Dios misericordioso, perdónanos cuando nos distraemos con las cargas terrenales durante nuestro tiempo contigo. Danos la gracia de poder darte todas nuestras preocupaciones para poder estar libres de ansiedad y preocupación. Al hacerlo, que podamos determinar más fácilmente Tu Voluntad y tener el coraje de prestar atención a tu guía. Amén.

Reflexión: ¿Hacia qué cosas suele desviarse tu mente cuando estás orando? ¿Cómo ésto revela ataduras? ¿Cuándo se ha sentido tu alma más tranquila? Haz una resolución personal hoy para aumentar la intencionalidad y la atención de tu tiempo dedicado a la oración, ya sea la duración, el lugar o la renovación de tu compromiso con la oración diaria.

DÍA 54: Hay muchas voces que escuchar, pero escucha sólo la voz del Buen Pastor: "Mis ovejas escuchan mi voz; las conozco y ellas me siguen." (Juan 10:27) Reflexiona sobre los extractos del diario de Sta. Faustina en referencia a la oración, buscando el silencio en la contemplación.

> "Cuando reflexionas sobre lo que te digo en lo profundo de tu corazón, te beneficias más que si hubieses leído muchos libros. Oh, si las almas quisieran sólo escuchar Mi voz cuando les estoy hablando a lo más profundo de sus corazones, alcanzarían la cima de la santidad en poco tiempo." (No. 584, *Diario de Santa Maria Faustina Kowalska* (1987) Marian Fathers)

> "El Espíritu Santo no le habla a un alma que está distraída y gárrula (*muy habladora*). Él habla por Sus silenciosas inspiraciones a un alma recogida, a un alma que sabe cómo mantener silencio." (No. 552, *Diario de Santa María Faustina Kowalska* (1987) Marian Fathers)

> En Dios, solo descansa el alma mía, de Él viene mi esperanza; mi salvación, mi roca solo es Él, mi fortaleza, no he de vacilar.
> –Salmo 62: 6-7

El espíritu de oración es reflexión, que consiste en "pensar cuidadosamente en algo, especialmente antes de tomar una decisión o llegar a una conclusión." La palabra Griega usada en referencia a la reflexión de María (ver Lucas 2) es *sumballó*; que literalmente quiere decir "juntar", por lo que nosotras también estamos llamadas a hacer nuestra la voluntad de Dios, juntándolas.

Qué tentador es sentir orgullo en nuestra vida de oración cuando terminamos una lista de oraciones o santas escrituras, pero Jesús quiere que escuchemos Su voz por amor y no por estricta servidumbre. ¡Es por ello que trabajar hacia la oración contemplativa es tan significativo! Dejar simplemente que el Espíritu Santo inunde nuestras almas es vital para acercarnos a Dios. Para magnificar al Señor, necesitamos conocer al Señor y para conocerlo, debemos estar calladas y escuchar. Entonces, y sólo entonces, debemos decidirnos a hacer *algo* por docilidad.

A menudo, tememos al silencio. Escuchar a Dios en silencio duele cuando tenemos miedo. Quizás estamos preocupadas por lo que Dios vaya a poner en nuestros corazones. Quizás nos sentimos nerviosas el estar en silencio; nos sentimos expuestas, nuestras almas desnudas se exponen por lo que realmente son: débiles y necesitadas. A menudo nos acobarda la idea de que nos califiquen como "necesitadas." ¡Pero qué tan cierto es eso! Estamos verdaderamente necesitadas. **Necesitamos** a Jesús. No necesitamos una copa de vino. No necesitamos un bocadillo o siesta. No necesitamos un programa de TV para "relajarnos". Lo que necesitamos, de lo que estamos sedientas, es de la Verdad de que estamos hechas para *algo más*, y allí viviremos, morando con Cristo en nuestra alma.

¡No tengan miedo, hermanas! Pasen tiempo en recogimiento, listas y dispuestas a aceptar el llamado de Dios—sabiendo que ése es el camino a la santidad. Todas las virtudes se fortalecerán en nuestro espíritu de verdadera oración. Y las virtudes llevan a la santidad, como lo hizo con nuestra Santísima Madre Maria, verdadero ejemplo de contemplación en oración.

Ven Espíritu Santo, llena nuestros corazones y mentes con tus inspiraciones tranquilas. Danos la gracia de aceptar Tu Voluntad y el valor de cumplirla. Que nos demos cuenta de que el camino a la santidad no está pavimentado por nuestra voluntad, sino por la Tuya. Jesús, en Ti confío!

Reflexión: ¿Cuándo has experimentado la pura alegría del alma? ¿Fue cuando *hiciste* algo o cuando recibiste algo? ¿Cuál es tu experiencia con la oración contemplativa? ¿Batallas con el silencio? ¿En realidad quieres escuchar Su voz? ¿Y si te sientes llamada a hacer o decir algo que la cultura lo ve de manera *diferente*?

DÍA 55: La oración es obviamente necesaria en los detalles difíciles de la vida; pero es en la rutina de la vida en la que debemos pensar en la oración como una virtud, con tres expresiones; vocal, meditación, contemplación. Ver CIC 2700-2724 para más información.

> "El sufrimiento es una gran gracia; a través del sufrimiento el alma se hace semejante al Salvador; el amor se cristaliza en el sufrimiento; cuanto más grande es el sufrimiento, tanto más puro se hace el amor." (No. 57, *Diario de Santa Maria Faustina Kowalska* (1987) Marian Fathers)
>
> El que quiera seguirme, que renuncie a si mismo, que cargue con su cruz y que me siga. -Mateo 16: 24
>
> CIC 2716: La oración contemplativa es escucha de la palabra de Dios. Lejos de ser pasiva, esta escucha es la obediencia de la fe, acogida incondicional del siervo y adhesión amorosa del hijo. Participa en el "sí" del Hijo hecho siervo y en el *"fiat"* de su humilde esclava.

Cuando la vida va 'bien', podemos caer en un acercamiento pasivo hacia la oración. Puede que simplemente leamos una meditación y no hagamos ninguna resolución, podemos decir algunas oraciones vocalmente sin hacer una pausa para reflexionar en su significado y luego volver a nuestra vida habitual de búsqueda de la comodidad. Entonces nos vemos abrumadas por las situaciones, decepcionadas de cómo la gente nos trata, o ansiosas por las decisiones que tenemos que tomar. Cedemos nuestro espacio cerebral a otras cosas, encontramos algunas herramientas para hacer frente a la situación, y antes de darnos cuenta, dejamos de lado el hábito de la oración diaria. Pero tenemos que detener el ciclo y traer nuestras preocupaciones ante el Señor, aún cuando sólo queremos revolcarnos en la autocompasión o utilizar nuestros teléfonos como distracción. Él quiere que nos apoyemos en Él. ¡Tenemos que olvidarnos de nosotras mismas! Tenemos que abrir nuestros corazones y profundizar en nuestra vida de oración interior, con el amante de nuestra alma. Cultivar el hábito de oración no es marcar un punto más en una lista, es desarrollar una relación. La santidad demanda una relación con Dios, no solamente el conocimiento sobre Él.

Nuestras cruces, voluntarias o involuntarias son el camino hacia esa relación porque ese es el modelo que Jesús nos dejó. Las levantamos y lo seguimos a través de las dificultades. Cáncer. La muerte de un ser querido. Malparto, infertilidad, o la pérdida de un infante. Desarrollando una discapacidad mental o física, o cuidando de alguien con discapacidades. Estas son experiencias duras que pueden llevarnos a profundizar en la oración, porque nos apoyamos en la relación con Dios para obtener fuerza. La oración evita que perdamos la fe en Dios quien nos une a Su Corazón, incluso en el dolor. La oración es un acto de fe. La oración más profunda que le podemos ofrecer es la aceptación de que la curación física puede no producirse nunca, entonces dejamos que nuestro sufrimiento se transforme en una ofrenda de unidad con Cristo.

Cuando 'grandes' sufrimientos como esos no forman parte de nuestro día a día, es el momento de negar nuestros comportamientos de búsqueda de placer o de poder, para poder sentir realmente la voluntad del Señor en nuestras vidas. Durante *Magnificaré 90* ofrecemos nuestros sacrificios por una intención específica cada día; es mucho más significativo prescindir de un consuelo cuando se trata de una elección hecha en oración. Somos llamadas al amor abnegado, a preocuparnos por la salvación de los demás tanto como por la nuestra. Encontramos Su misterio, Su misión salvadora.

Señor Jesucristo, Príncipe de la Paz, te agradecemos por tu fidelidad incluso cuando se nos olvida orar y hacer una pausa para honrar tu bondad. Quédate siempre con nosotras y danos la gracia de rezar como Tú lo hiciste a Tu padre celestial—no mi voluntad, sino la Tuya. Llénanos con la paz que el mundo no puede darnos. Amén.

Reflexión: En qué situación (nes) en estos 55 días te has olvidado de orar; ¿Lo has intentado hacer por ti misma? ¡Ten a una hermana espiritual que te haga responsable de tus actos! Antes de acostarte hoy, piensa en 3 cosas por las que estás agradecida, 2 cosas de las que te arrepientes y 1 cosa que te propongas hacer mañana.

DÍA 56: María nos enseña como orar ya que deseamos magnificar al Señor; somos llamadas a ser hijas, madres, esposas como lo es ella.

> María dijo entonces: "Celebra todo mi ser la grandeza del Señor y mi espíritu se alegra en el Dios que me salva." -Lucas 1: 46-47
>
> CIC 965: Después de la Ascensión de su Hijo, María "estuvo presente en los comienzos de la Iglesia con sus oraciones" (LG 69). Reunida con los apóstoles y algunas mujeres, "María pedía con sus oraciones el don del Espíritu, que en la Anunciación la había cubierto con su sombra" (LG 59).
>
> "Debo esforzarme a que el interior de mi alma sea un lugar de descanso para el Corazón de Jesús." (No. 275, *Diario de Santa Maria Faustina Kowalska* (1987) Marian Fathers)
>
> "Deseo transformarme toda en Tu misericordia y ser un vivo reflejo de Ti, Oh Señor." (No. 163, *Diario de Santa Maria Faustina Kowalska* (1987) Marian Fathers)

María vivió su vida en oración en todo momento—su conexión con Dios nunca ha dejado de ayudar a la iglesia. De una manera única y perfecta ella era hija del Padre, Madre del Hijo y esposa del Espíritu Santo. Mientras que nosotras no vivimos la vida libre de pecado como María, tenemos la esperanza de vivir una espiritualidad de genio femenino que sea receptiva, generosa, sensible y maternal. ¡Dios se deleita en nosotras!

Hacemos que nuestras almas inviten a Jesús a través de nuestra oración y la práctica de la virtud. Nuestra naturaleza caída no es una excusa para dejar que el pecado nos consuma, se nos pide que superemos esta concupiscencia sobre todo mediante la oración. Esto nos lleva además al desapego y a un sentido de transformación. La oración *es* transformadora. Sólo a través de la oración es que podemos empezar a tener una vida exterior de bondad. Esto requiere buscar la unión con el Espíritu Santo, el mismo que nos enseña a orar. El ejemplo de María de magnificar al Señor es nuestra meta en la oración.

Magnificaré 90 no puede ser un 'programa' de crecimiento sólo en la virtud, ni tampoco puede ser una de esas prácticas únicamente penitenciales. *Ambas* partes son necesarias porque si estamos vaciando algo, debemos llenarlo de nuevo con algo que no sea orgullo pecaminoso. Si estamos buscando la virtud, no se mantendrá si no estamos libres de ataduras, ni arraigadas en la oración. Qué tan rápido podemos pasar de la virtud al vicio cuando nos permitimos estar cómodas y tibias en la oración.

Ven Espíritu Santo, que vives en María, convierte nuestros corazones en puros y santos como el de ella. Gracias por darnos el ejemplo de nuestra Madre María de cómo debemos esforzarnos en la oración—proclamando la grandeza del Señor en todo momento. Que reflexionemos y meditemos en Tu fidelidad a lo largo del día—que nunca perdamos nuestra conexión a Ti. Amén.

Reflexiona en estas preguntas

¿Qué aprendemos en la oración? ¿Qué le decimos a Dios? ¿Qué escuchamos de Él? ¿Qué vemos en la oración? ¿Le proveemos a Jesús un lugar para que more, como lo hizo María? ¿Consolamos las heridas de Jesús como lo hizo María? ¿Mostramos misericordia a los demás, en lugar de tratar de satisfacer primero nuestras propias necesidades? Cuando nos encontramos con otra persona, ¿le proporcionamos un oído atento y una afirmación de amor en la Verdad?

Ahora medita en algunas maneras tangibles a las que has sido llamada para proclamar y regocijarte en el Señor en medio de la sociedad de hoy. ¿Qué clase de diferencia hace tu actitud en tu esfera de influencia? Las acciones son vacías si falta el espíritu de oración interior. Usa el espacio de abajo o un diario para meditar en el tema y las reflexiones de hoy. Vuelve a comprometerte con la oración diaria según sea necesario.

Fervor/Celo

DÍA 57: El fervor o celo conlleva esta idea de audacia, como un tipo de poder. Aunque el poder puede tener muchos significados, reflexionamos qué significa nuestra capacidad de conocer la verdad y hacer el bien. ¿Podemos vivir el amor en acción cuando sólo nos presentamos para cumplir con una lista?

> Porque Dios no nos dió un espíritu de timidez, sinó un espíritu de fortaleza, de amor y de buen juicio. Por eso no te avergüences del testimonio que tienes que dar de nuestro Señor, ni de mi al verme preso. Al contrario, lucha conmigo por el Evangelio, sostenido por la fuerza de Dios. Él nos salvó y nos llamó, destinándonos a ser santos, no en consideración a lo bueno que hubiéramos hecho nosotros, sino porque éste fue su propósito. Esta fue la gracia de Dios, que nos concedió en Cristo Jesús desde la eternidad y que ahora llevo a efecto con la aparición de Cristo Jesús nuestro Salvador. El destruyó la muerte e hizo resplandecer la vida y la inmortalidad por medio del Evangelio, del que fui establecido predicador, apóstol y maestro. –2 Timoteo 1: 7-11
>
> Quería enseñarte que no estoy muy contenta con alguien que simplemente grita, "Señor, Señor, ¡me gustaría hacer algo por ti!" ni con alguien que desea matar el cuerpo con grandes penitencias sin matar la voluntad egoísta. Lo que quiero es muchas obras de resistencia paciente y valiente y de las otras virtudes que te he descrito—virtudes interiores que están todas activas al dar el fruto de la gracia... quiero obras de penitencias y otras prácticas corporales que se realicen como medios y no como su principal meta. [...] Pero el mérito de la penitencia descansa completamente en el poder de la caridad iluminada por el verdadero discernimiento. (Sta. Catalina de Siena. *El Diálogo/The Dialogue* (1980) Paulist Press)
>
> "Así, el diablo no es ni será derrotado por el sufrimiento de nuestros cuerpos, sino por la fuerza del fuego del amor divino, más ardiente e inconmensurable." – Sta. Catalina (Sta. Catalina de Siena. *St. Catalina de Siena como se Vió en Sus Cartas/as Seen in Her Letters* (1905) EP Dutton & Co)

¿De qué clase de poder está hablando San Pablo en su carta a San Timoteo? El 'poder' en este verso en Inglés se traduce del Griego *dunamis*: que significa "la capacidad de actuar," que es potencial, eficacia, posibilidad. Dios nos da *la capacidad, la opción*, de crecer en santificación. Tenemos este gran *potencial*, esta gran *capacidad* para la santidad. Somos capaces de ser santos y de vivir con fervor para dar gloria a Dios en todo lo que hacemos. Dios nos creó a Su imagen, pero lo podemos rechazar si no ejercitamos ese poder: Él desea que lo escojamos libremente. Nuestro "sí" libre se muestra en nuestro sacrificio amoroso y en la elección de la virtud.

La santidad depende de que nuestros corazones ardan por la voluntad de Dios, incluso nuestra habilidad de manejar, en oración, los sufrimientos involuntarios. En conexión con lo que Dios revela a través de Sta. Catalina, Él no nos hace santas sólo porque cargamos una cruz; nos hacemos santas cuando aceptamos completamente Su amor y misericordia. Dejar de comer bocadillos por unos pocos meses no nos cambia si primero no nos damos cuenta de que estar en la presencia de Dios es en definitiva mejor que comer. Debemos hacer crecer nuestro amor y devoción, o de lo contrario volveremos de nuevo a los apegos desordenados. El poder evitar el vino, mostrar la cara sin maquillaje, o no ver televisión no es porque *seamos* poderosas o fuertes. Es porque nuestro *amor es para más*.

El sufrimiento no vence al diablo, solamente el Amor lo logra. La penitencia no sirve de nada si la hacemos sólo para decir que la hicimos, o ¡peor aún, para demostrar algo! Cuando las cosas se ponen difíciles, ya sea espiritual o físicamente, tenemos una opción. Cuando confiamos en Él en vez de nosotras mismas, asentimos a la Verdad de que la verdadera libertad persigue el bien, no huye de lo malo. El poder dado por del Espíritu Santo es para que podamos desear el Cielo por amor, no por miedo. Así, Dios permite las penitencias y las pruebas de esta vida no para ayudarnos a vencer el mal, sinó para que crezcamos en el amor a Dios, cuando no es fácil por nuestra propia voluntad.

Reflexiona sobre las cosas que dijiste que no podías comprometerte al principio de *Magnificaré 90*. ¿Si has crecido en oración y virtud a lo largo de estas 8 semanas, ahora eres capaz de negarte una comodidad que no era realmente necesaria? ¿O, por el contrario, te cuesta desprenderte? ¿Cómo se relaciona eso con la necesidad de la docilidad para equilibrar el fervor? ¿Ser orgullosa, incluso en penitencia, es una lucha para ti?

DÍA 58: El fervor es virtuoso cuando queremos hacer avanzar el Reino de Dios, cuando lo magnificamos ante los demás para la santificación de las almas y cuando queremos traer gloria a Dios en todo lo que hacemos.

> CIC 828: Al canonizar a ciertos fieles, es decir, al proclamar solemnemente que esos fieles han practicado heroicamente las virtudes y han vivido en la fidelidad a la gracia de Dios, la Iglesia reconoce el poder del Espíritu de santidad, que está en ella, y sostiene la esperanza de los fieles proponiendo a los santos como modelos e intercesores (cf LG 40; 48-51). *"Los santos y las santas han sido siempre fuente y origen de renovación en las circunstancias más difíciles de la historia de la Iglesia"* (CL 16, 3). En efecto, "la santidad de la Iglesia es el secreto manantial y la medida infalible de su laboriosidad apostólica y de su ímpetu misionero" (CL 17, 3).
>
> "Por tanto, id, y haced discípulos a todas las naciones, bautizándolos en el nombre del Padre, y del Hijo, y del Espíritu Santo; enseñándoles que guarden todas las cosas que os he mandado; y he aquí yo estoy con vosotros todos los días, hasta el fin del mundo." -Mateo 28: 19-20
>
> Jesús le respondió: "Amarás al Señor tu Dios con todo tu corazón, con toda tu alma y con toda tu mente. Este es el primero y el más importante de los mandamientos. Pero hay otro semejante a éste: Amarás a tu prójimo como a ti mismo. -Mateo 22: 37-39
>
> Entonces ella debe de amar a sus prójimos con tal afecto que soportaría cualquier dolor o tormento para ganarles la vida de gracia, lista para morir mil veces la muerte, si eso fuese posible, por la salvación de ellos. Y todas sus posesiones materiales están a la disposición de las necesidades físicas de sus prójimos. (Sta. Catalina de Siena. *El Diálogo/The Dialogue* (1980) Paulist Press)

Un alma verdaderamente fervorosa no puede ser tibia. Nos podemos dar cuenta, de varias maneras, si nos estamos volviendo tibias por lo mucho que nos importa la salvación de los demás. ¿Nos hemos encerrado en nosotras mismas? Eso no sólo es ser orgullosa, es completamente anti-Cristiano. ¡Estamos aquí en la tierra para preocuparnos por los demás!

La Iglesia existe para llevar la Buena Nueva de la salvación al mundo entero. No podemos perseguir verdaderamente la santidad si no reconocemos que de nuestro deseo de salvación se desprende el deseo de la salvación de todas las almas. ¡El deseo que tenemos de santidad debe fomentar la santidad en los demás! Nos lanzamos a este desierto de la abnegación por un lado porque *nos queremos ir al cielo* y por el otro porque queremos que *los demás* se vayan al cielo. Nuestra búsqueda de la virtud debería tener un impacto positivo en la forma como vivimos nuestras vidas e inspirar a los que están alrededor nuestro a que también se acerquen más a Dios.

Es poco caritativo y simplemente no es bueno el creer que la vida eterna con Dios es la felicidad transcendente, pero no dar testimonio de esa verdad a los demás a través de nuestro fervor. No le podemos *dar* fe a otra gente, pero al compartir nuestros propios quebrantos y anhelos puede ser la oportunidad de mostrar la misericordia de Dios activa en nuestras vidas. Esto puede engendrar esperanza para los que están alrededor nuestro. Quizás podamos inspirar a los demás a ser receptivos hacia Dios cuando caminamos por la senda de una Cristiana fervorosa, aunque imperfecta y todavía intentando.

El fervor es vital para amar. Jesús es Amor en acción; los santos fueron amor en acción; nosotras somos llamadas a ser amor en acción. *Magnificaré 90* nos da la posibilidad de acercarnos a algunas santas increíbles, de profundizar en nuestra apreciación de las escrituras y de sumergirnos en la profundidad de la sabiduría del Catecismo de la Iglesia Católica. Utilicemos este conocimiento para crecer en nuestra propia virtud y así las palabras de la Verdad se conviertan en las *vidas de la Verdad*.

Reflexión: ¿Acaso el fervor de alguien en tu vida ha afectado tu fe? ¿Qué dificultades encuentras para ser fervorosa? ¿Puedes hacer una resolución hoy que demuestre el amor *en acción*? ¿Cómo se verían afectados los que están en tu esfera de influencia si vivieras plenamente tu fervor sin miedo? ¿Si te cuesta ser audaz, es por miedo a ser juzgada por los demás? ¿Has leído sobre el pecado del respecto humano?

DÍA 59: Sta. Catalina de Siena da un increíble ejemplo de fervor. Su 'conversación' con Dios en *El Diálogo* habla largamente sobre la virtud y el fervor por las almas.

> La virtud, una vez concebida, debe de nacer. Por lo tanto, tan pronto como el alma ha concebido a través de la afección amorosa, ella da a luz por el bien de su prójimo. Y así como ella me ama en la verdad, así también sirve a su prójimo en la verdad. No podía hacer otra cosa, ya que el amor a mí y el amor a su prójimo son uno y la misma cosa: Ya que el amor al prójimo tiene su fuente en mí, entre más me ame el alma, más ama ella a sus prójimos. Tal es el medio que te he dado para practicar y probar tu virtud. El servicio que no me puedes dar, se lo debes dar a tu prójimo. [...]
>
> Ya ves, ante su infidelidad y falta de esperanza, tú demuestras tu propia fe. Y cuando sea necesario probar tu virtud, la pruebas tanto en ti mismo como a través de tu prójimo... [...] Y en el rostro de la envidia, rencor y odio tu amorosa caridad se revela en el deseo hambriento por la salvación de las almas. (Sta. Catalina de Siena. *El Dialogo/The Dialogue* (1980) Paulist Press)

A pesar de ser una mujer que vivió hace casi 700 años atrás, sabemos mucho sobre Sta. Catalina de Siena, en parte porque tuvo un biógrafo dedicado en su confesor y amigos y porque inspiró a los *Papas*. Pero, sobre todo, podemos creer, porque Dios la puso como modelo para las mujeres que viniesen después de ella. Como una de las 4 doctoras de la iglesia, merece la pena aprender de ella mientras nos esforzamos por vivir nuestro propio genio femenino. Mientras cada una es llamada a una jornada específica hacia el cielo, la vida de desapego y fervor de Catalina nos sirve como un recordatorio que nuestras vidas deben buscar ser sólo para la gloria de Dios, sea cual fuere nuestra vocación.

Catalina vivió una vida célibe en el mundo, como Dominica Terciaria, que significa que no era una monja religiosa totalmente prometida entre los muros de un convento, pero usó el hábito de las Dominicas y no se casó. Catalina viajaba para difundir el llamado a la renovación Cristiana, al arrepentimiento y a la confianza en Dios por amor total y abandono a Su Providencia. Cuando la consideraron loca, Sta. Catalina imaginaba a sus despectivos padres y a otros como Jesús, María y los apóstoles. Buscó servirlos con amor como lo haría si fuera Cristo directamente al frente de ella. Esencialmente, Catalina supo del amor de Dios por ella, sintió amor por Él, y de esa relación surgió el deseo de que otras almas entraran también en comunión con el Dios Trinitario.

Nuestro deseo de ser mujeres virtuosas no es tan difícil cuando estamos rodeadas de fieles Católicas afines; y, ¡cuánto nos gusta estar cerca de personas que nos hacen sentir refrescadas y energéticas para seguir haciendo el deseo del Señor! Es un reto el ir entre los "lobos" y ser desafiadas en nuestra resolución de magnificar fielmente a Dios. Esto puede que incluso sea entre nuestra propia familia. Nuestro deseo de santidad es realmente desafiado en la forma en que interactuamos con las personas que no están tratando de servir al Señor.

Lo que Dios le dijo a Sta. Catalina en el pasaje de *El Diálogo* es que cuando otras personas son infieles o no tienen esperanza, *es ahí* cuando nosotras hacemos la diferencia. Cuando son desdeñosas, malas o negativas con nosotras, estamos llamadas a amarlas y servirlas. Estamos especialmente llamadas a una misión de amor *en el mundo*. Puede parecer que no estamos calificadas o preparadas para ser las discípulas misioneras que estamos llamadas a ser, sin embargo, con sólo vivir las virtudes y permaneciendo arraigadas en el discernimiento en oración, podemos dar testimonio del amor que Dios tiene por nosotros. El Espíritu Santo nos pondrá donde debemos estar para servir al Señor, así que ¡mantengamos un corazón fervoroso!

Reflexión: ¿Actúas diferente con gente de fe que con los que aún no creen en Dios? ¿Tu alegría se ve afectada por tu entorno? ¿Tu vida diaria y a lo que te dedicas a pensar, refleja que quieres ser santa? ¿Qué significa el fervor para ti?

DÍA 60: Este pasaje de *El Diálogo/The Dialogue* nos anima en los diferentes estados de vida, diferentes vocaciones y diferentes dones, pero nos recuerda que debemos vivir *todas* nuestras virtudes.

> [...] Su amorosa caridad primero la beneficia a ella misma, como se los he dicho, cuando concibe esa virtud de la que extrae la vida de gracia. Bendecida con este amor unitivo, se extiende con amorosa caridad a la necesidad de salvación de todo el mundo. Pero más allá del amor general a todos los hombres, ella pone su mirada en las necesidades concretas de sus prójimos y acude en ayuda de los más cercanos según las gracias que le he dado para el ministerio: a algunos les enseña con la palabra, dando un consejo sincero e imparcial; a otros les enseña con su ejemplo—como todos deberíamos hacerlo—edificando a sus prójimos con su vida buena, santa y honorable. Estas son las virtudes, con otras innumerables que nacen en el amor al prójimo. ¿Pero por qué he establecido tales diferencias? ¿Por qué le doy una virtud a esta persona y una diferente a la otra en vez de dárselas todas a una persona? Es verdad que todas las virtudes están unidas y es imposible tener una sin tener el resto. Pero yo las doy de diferente manera para que una virtud sea, por así decirlo, la fuente de todas las demás. Así, a una persona le doy la virtud de la caridad como su principal virtud, a otra la justicia, a otra la humildad, a otra una fe viva o prudencia o templanza o paciencia y a otra, coraje. Estas y muchas otras virtudes se las doy de una forma diferente a diferentes almas y el alma está más a gusto con la virtud hecha principalmente para ella. Pero a través del amor a esa virtud, ella atrae hacia sí todas las demás virtudes porque están unidas por el amor caritativo. (Sta. Catalina de Siena. *El Diálogo/The Dialogue* (1980) Paulist Press)

Dios le dijo a Sta. Catalina que, aunque cada una de nosotras tenemos una virtud principal, empezaremos a practicar *todas* las virtudes gracias al amor. Nuestro fervor dentro de esa virtud nos lleva a las puertas de las demás. Con seguridad hemos notado en el transcurso de las últimas semanas que cada virtud se relaciona con las otras; todas ellas ayudan a las demás a fortalecerse. Nuestra virtud principal es un regalo de Dios, pero no está destinado sólo para nosotras. No estamos hechas para nosotras mismas, estamos hechas para vivir en relación.

En la cultura actual con camisetas que proclaman "hazte dueña de tu poder," "soy mi propia jefa", "las chicas gobiernan el mundo" y otros mantras como "deja de disculparte" debemos recordar Quién nos hizo y Quién es la fuente del Bien. Si, nosotras tenemos nuestros propios dones y talentos; nuestro carisma; nuestra vocación específica y nuestra propia forma de evangelizar; pero al reconocerlos, con humildad, "tendemos la mano en caridad amorosa" en lugar de convertir nuestras habilidades y preferencias en ídolos. No buscamos elogios por nuestras personalidades y estilos de vida. Le damos toda la gloria a Dios.

La clave importante para que las mujeres Cristianas combatan los mantras orgullosos y falsos del neo-feminismo en el mundo secular es recordar que Dios nunca debe estar "en equilibrio" con todo lo demás en nuestra vida. La gloria de Dios debe inundar cada rincón de nuestra vida. Esa es la definición misma de que Él es nuestro Señor. Él está en todos lados y lo ve todo, así vivimos nuestra vida como corresponde. No convertimos nuestra feminidad en un ídolo.

Nuestras almas deben dirigirse correctamente hacia Su Bondad y nuestra vida activa debe estar alineada adecuadamente detrás de las virtudes. Jesús nunca nos ordenó que nos preocupáramos primero de nosotras mismas, sinó que nos ama lo suficiente como para darnos a otros a quienes también amar. Todos alrededor nuestro tienen la misma dignidad y no podemos pisotearla por una búsqueda de poder y control; ¡de hecho, queremos magnificar al Señor para que así los demás reconozcan su propia dignidad!

Reflexión: ¿Cuál es tu virtud principal, con la que te sientes más a gusto? ¿Cómo se desprenden de ella las demás virtudes en tu vida? Si te es útil, escribe un diario o haz un mapa conceptual conectando tu alma con Dios y con los demás a través de las virtudes que reconoces que prácticas. ¿Dónde necesitan crecer otras virtudes?

DÍA 61: Hablar de la Verdad de Dios y vivir una vida totalmente Cristiana hará que algunos nos llamen *fanáticas de Jesús*. Y no lo hacen con intención de halagarnos. Pero cuando nos despojamos de nuestro apego a lo que la gente piensa de nosotras, lo sentiremos como tal.

> Porque ella se aflige más por la ofensa cometida hacia mí y el daño hecho a los demás que al daño a sí misma. Así es como se comportan aquellos que son muy perfectos y entonces crecen. Y es por esto que permito todas esas cosas. Les concedo un hambre punzante por la salvación de almas para que toquen la puerta de mi misericordia día y noche, al punto que se olvidan de ellas mismas. Y cuanto más se abandonan, más me encuentran. ¿Y dónde me buscan? En mi Verdad, caminando perfectamente por el camino de su (Jesús) suave enseñanza. (Sta. Catalina de Siena. *El Diálogo/The Dialogue* (1980) Paulist Press)
>
> Yo reprendo y corrijo a los que amo. ¡Vamos!, anímate y conviértete. – Apocalipsis 3: 19
>
> En efecto, vino a este mundo la gracia de Dios trayendo la salvación a todos los hombres y educándonos para que, después de rechazada la maldad y las codicias mundanas, vivamos en este mundo como seres responsables, justos y que sirven a Dios. Pues esperamos el día feliz en que se manifestará con su gloria nuestro magnífico Dios y Salvador Cristo Jesús. Él se sacrificó por nosotros, para liberarnos de todos los lazos del pecado, y así purificar un pueblo que fuera suyo, dedicado a toda obra buena. – Tito 2: 11-14

Dios le dijo a Sta. Catalina que, a medida que crecemos en santidad, nos preocuparemos más por las ofensas a Él y a los "más pequeños de su pueblo" que por nuestros propios dolores. ¡Como anhelan nuestros corazones la reverencia a Dios! Nuestras almas lloran cuando vemos a alguien recibir a nuestro Señor en el Santo Sacramento descuidadamente, o que Él se queda solo en la capilla de adoración. Nos afligimos sobre las ofensas contra las intenciones del Señor por el matrimonio, nueva vida, el fin de la vida, o la dignidad de todas las vidas.

El fervor invita a los demás a elevarse a la virtud, no a que nosotras renunciemos a ella para llegar a ellos. Cortamos con los deseos mundanos de vestirnos de cierta manera por nuestra propia vanidad o para llamar la atención. Necesitamos decir no a los juegos, a ver programas u otras actividades que dan ocasión al pecado o a las obscenidades groseras, o a la obsesión por la televisión o deportes. Le decimos no al grupo de mujeres chismosas y a tomar para emborracharnos. Tenemos que dejar de distraernos de la Verdad. Dios nos llama a más. Es hora hermanas, de asumir nuestra responsabilidad personal por el fervor.

Nuestro genio femenino perseguirá la virtud, no la autosuficiencia; buscará el bien de los demás por encima del nuestro. Nos preocupa la ofensa a Jesús cuando otros se hacen un dios y persiguen su placer a costa de su alma. Más aún, notamos nuestras propias imperfecciones, ya que el más mínimo pecado causa una herida en el cuerpo de Cristo. Cuanto más nos acercamos a Dios, más notamos nuestras deficiencias. La confesión mensual (o más seguida si es necesario) se vuelve una devoción y las gracias derramadas apoyan nuestro fervor.

Dejamos que Dios nos perfeccione a través de la disciplina y de la autoacusación. ¿Realmente estamos viviendo contraculturalmente? Sí, somos llamadas a encontrar intereses comunes con los demás para poder evangelizar, pero parece que esto requiere dar nuestro tiempo para estar presente con los demás, para caminar con ellos, para compartir nuestro quebrantamiento y proyectar la luz de Dios que brilla a través nuestro. No deberíamos involucrarnos en los pecados con los que otros luchan en nombre del "encuentro". Dios concede vida eterna sólo a aquellos que tienen sed de ella y Él ve a través de la hipocresía.

Reflexión: ¿Crees que puedes llegar al cielo sin tener sed de Dios y de las almas de los demás? ¿Cómo lo refleja tu vida? ¿Qué otros "pozos" mundanos visitas para saciar tu sed? Lee Lucas 12: 4-11

DÍA 62: Estamos creciendo en virtud para que podamos ser santas—y estamos destinadas a ser santas. Así es que, crecer en la virtud es lo que debemos hacer y ¡eso prenderá fuego al mundo—con el Señor!

> [Y la voz le dijo] Ardo de amor celoso por Yavé, cuando él (ella) se esfuerza en lo mejor de sus medios, para repeler todo lo que sea contrario al honor o voluntad de Dios; según 1-Reyes 19: 14: "Ardo de amor celoso por Yavé, Dios de los ejércitos". De nuevo las palabras de Juan 2: 17: "El celo de Tu casa me ha consumido," -Sto. Tomás de Aquino, Summa Theologiae I-II, 28 4co

> Que el amor sea sincero. Aborrezcan el mal y cuiden todo lo bueno: En el amor entre hermanos: Demuéstrense cariño unos a otros. En el respeto: estimen a los otros como más dignos. En el cumplimiento del deber: no sean flojos. En el Espíritu sean fervorosos, y sirvan al Señor. -Romanos 12: 9-11

> Vine a traer fuego a la tierra, ¡y cuánto desearía que ya estuviera ardiendo! -Lucas 12: 49

> "Esta tibieza procede de la ingratitud, que proviene de una luz tenue que no nos deja ver el amor agonizante y total de Cristo crucificado y de los beneficios infinitos recibidos de Él. Porque en verdad, si lo viéramos, nuestro corazón ardería con la llama del amor y deberíamos estar hambrientos por tiempo, usándolo con gran celo para el honor a Dios y la salvación de las almas. A este celo te convoco, hijo querido, que ahora empecemos a trabajar de nuevo...Se ferviente y no tibio en esta actividad...*si eres lo que debes ser, le prenderás fuego a toda Italia y sin gran costo.*" - Sta. Catalina de Siena (Sta. Catalina de Siena como se Vio en Sus Cartas/*St. Catherine of Siena as Seen in Her letters* (1905) EP Dutton & Co)

Depende de nosotras buscar la virtud y a través de ello, vivir nuestro amor en acción—nuestro celo. Cada momento es una oportunidad de escoger el amor. Cuando no lo hacemos, arrepintámonos y agradezcamos la misericordia. No ser agradecidas, como lo dice Sta. Catalina, nos mantendrá tibias.

En esta época es cada vez más difícil distinguir las vidas Católicas tibias de las vidas puramente seculares y es la virtud del celo la que hará brillar la Luz contra la tenue mezcla gris entre 'un poco religioso' y el completo paganismo. Sta. Catalina de Siena es tan radical como San Juan Bautista; diferentes misiones y diferentes tiempos, pero con el mismo celo. Ella iba por todos lados diciéndole a la gente que se arrepintieran y no le importó que pensaran que estaba loca. Su dicho más popular a menudo se traduce como "Sé quién Dios quiso que fueras y prenderás fuego al mundo entero." La traducción mencionada anteriormente es de una carta que ella le escribió a su hijo espiritual, Stefano, uno de sus escribanos. Estaba tratando de convencerlo de que viviera una vida más audaz y fervorosa, para inspirar a todo el país a que enciendan sus corazones como Jesús pidió para que el mundo arda. Ella esperaba convencerlo contra la tibieza, no predicar un mensaje de individualismo como se presenta tan a menudo hoy en día.

¿Como hacemos que el mundo arda? Esta es una pregunta para la oración meditativa. Discernimos en oración la voluntad de Dios en nuestra vida y luego como Sto. Tomás de Aquino dice, nosotras *rechazamos* lo que no es la voluntad de Dios. Una cosa es segura, debemos de contemplar la pasión de Cristo. La cruz siempre nos atraerá al amor. ¿Acaso la perfección contra el pecado suena imposible? Seguramente. Hay que admitir que nunca podremos llegar a ello, pero Dios puede elevarnos cuando llevemos nuestra cruz en unión con la de Él.

Reflexión: ¿Cuándo has experimentado alegría al rechazar el pecado? ¿Cómo te sientes llamada a encender tu corazón? ¿Que cosa "loca" puedes hacer hoy por Dios? Empieza de nuevo con entusiasmo después de este tiempo de oración. Siempre tienes la opción de prender el fuego o de apagarlo. ¿Tienes a alguien en tu vida que te anima a ser virtuosa? Dale gracias a Dios por Su luz en ellos.

DÍA 63: El fervor o celo debe ser apoyado por las otras virtudes; el genio de las mujeres es que somos receptivas al llamado de Dios, sensibles al papel que las emociones y las acciones juegan en la virtud y somos generosas con nuestros dones. Podemos magnificar al Señor a través de nuestra fuerza y dignidad.

> Habla con sabiduría y enseña la piedad. Está atenta a la marcha de su casa, y nunca ociosa. Sus hijos se levantan y la llaman dichosa, su marido la elogia diciéndole: "Muchas mujeres han obrado maravillas, pero tú las superas a todas". Engañosa es la gracia, vana la hermosura; la mujer que tiene la sabiduría, esa será la alabada. Que pueda gozar el fruto de su trabajo y que por sus obras todos la celebren. –Proverbios 31: 26-31
>
> "Un alma se eleva, impaciente con un tremendo deseo del honor a Dios y a la salvación de las almas. Desde hace tiempo ella se ha ejercitado en la virtud y se ha acostumbrado a morar en la celda del autoconocimiento para conocer mejor la bondad de Dios para con ella, ya que sobre el conocimiento sigue el amor. Y amando, ella busca perseguir la verdad y vestirse en ella." –Sta. Catalina de Siena (*Sta. Catalina de Siena como se Vio en Sus Cartas/ St. Catherine de Siena as Seen in Her Letters* (1905) EP Dutton & Co.)
>
> Mientras que estos tres pilares (impureza, orgullo hinchado y avaricia) se mantengan erguidos y no sean derribados por la fuerza del amor a la virtud, tienen fuerza suficiente para mantener al alma obstinada en cualquier otro vicio. (Sta. Catalina de Siena. *El Diálogo/The Dialogue* (1980) Paulist Press)

Cuando conectamos la escritura de Proverbios con lo que escribió Sta. Catalina, resulta ser un muy buen punto de referencia general para comprobar cuan refinada está nuestra virtud del celo. ¿Somos valientes, puras y conscientes de nuestra dignidad? ¿Somos amables al enseñar la verdad? ¿Somos de "alma pequeña" o somos magnánimas? ¿Somos perezosas y desperdiciamos nuestro tiempo? ¿Somos alegres? ¿Somos vanidosas o tenemos dos caras? ¿Le tememos al Señor? ¿Somos amorosas en nuestras obras?

Una de las batallas más grandes con el celo puede ser nuestro temor de que nos llamen santurronas, nuestro sentimiento de sentirnos que no estamos preparadas, o nuestra preocupación de que a los demás ni les importa. Pero no nos debe importar cómo nos llamen los demás o cómo nos juzguen—vivimos para un juicio *final*. La apatía de los demás no es una excusa; ¡somos responsables unas de otras en la medida en que intentemos o no compartir el Evangelio! En realidad, no importa si los demás son apáticos. Podemos tener una amistad con ellos y Dios obrará a Su propio tiempo. (Si discernimos en oración que es hora de "sacudir el polvo de nuestros pies" y seguir adelante, que así sea, pero primero debemos tratar.) Y finalmente, no podemos preocuparnos de no estar preparadas, Dios nos da lo necesario para hacer el trabajo al que Él nos llama.

Cuando queremos ser esa alma que se eleva a Dios como escribió Sta. Catalina, recordamos que es *Él* quien nos da la gracia para elevarnos, sólo tenemos una luz porque es Él en nosotras. Debemos mantener nuestro celo equilibrado con la reverencia a Dios. Él dirige nuestros pasos.

Reflexión: ¿Crees que el fervor o celo es plantar o cosechar? ¿Cómo relacionas la magnanimidad y la laboriosidad con el fervor? ¿Qué diferencias y semejanzas hay entre trabajar duro para la Gloria de Dios y amar para la Gloria de Dios? ¿Cuándo ha sido fervorosa, pero parecía que tus esfuerzos no dieron fruto? ¿Ver o no el fruto afecta nuestra vocación como cristianas?

Mansedumbre + Paciencia

DÍA 64: Esta semana reflexionamos en la mansedumbre, una virtud menor bajo la templanza; y paciencia, que está bajo la fortaleza. La Bienaventuranza relativa a la mansedumbre es muy similar al Salmo 37:

> Cállate junto al Señor y espéralo, y no te indignes por el aprovechador, por el que vive intrigando, para dañar al pobre y al débil. Cesa en tu cólera, acalla el rencor, no te irrites, eso es sólo daño. Porque los sinvergüenzas desaparecerán, y la tierra será para los que esperan en Dios. Aguarda un momento: Ya no se ve el impío. Si te fijas donde se encontraba, ya no está. Los humildes son los que poseerán la tierra, felices en una paz verdadera.
> – Salmo 37: 7-11
>
> CIC 716: El Pueblo de los "pobres" (cf. So 2, 3; Sal 22, 27; 34, 3; Is 49, 13; 61, 1; etc.), los humildes y los mansos, totalmente entregados a los designios misteriosos de Dios, los que esperan la justicia, no de los hombres sinó del Mesías, todo esto es, finalmente, la gran obra de la Misión escondida del Espíritu Santo durante el tiempo de las Promesas para preparar la venida de Cristo. Esta es la calidad de corazón del Pueblo, purificado e iluminado por el Espíritu, que se expresa en los Salmos. En estos pobres, el Espíritu prepara para el Señor "un pueblo bien dispuesto" (cf. Lc 1, 17).
>
> Felices los pacientes, porque recibirán la tierra en herencia.
> – Mateo 5: 5

La mansedumbre, que es una bienaventuranza y una virtud, impide que la cólera se convierta en ira—nos da gentileza en nuestras reacciones. Forma parte de la gran virtud de la templanza, porque modera la cólera. Adicionalmente, para contener nuestra propensión a los extremos y el amor desinteresado de la mansedumbre necesitamos de la fortaleza. Se requiere de valentía moral para ir contra la corriente cultural de cuidarnos primero a nosotras mismas y tratar a los demás como menos dignos. La valentía moral de la mansedumbre se apoya en la paciencia, esperando calmadamente a que Dios revele su voluntad perfecta. La mansedumbre puede considerarse como el aspecto externo de la paciencia.

Las dos virtudes menores están bastante entrelazadas debido a que las cruces que necesitamos cargar pacientemente son a menudo las que ocurren cuando los demás nos hacen sentir irrespetadas, ridiculizadas, o injustamente agobiadas (todo lo cual son fuente de enojo para la gran mayoría).

La mansedumbre es el moderador de la cólera y del miedo que no son justos, mientras que la paciencia nos ayuda a aceptar nuestras cruces en vez de huir de ellas -a cargar con ellas si son nuestro camino hacia la santidad. Aun así, debemos moderar virtuosamente la cólera que es justa. Sin duda, lo que otros nos dicen o hacen puede ofendernos, y a menudo sucede. Tratar de discutir con nuestros hijos mayores, vecinos, o incluso nuestros padres no será tan eficaz como una conversación intencionada que brota de un alma humilde y gentil. (ver Efe 4:15). Buscamos magnificar al Señor y darle gloria con nuestras respuestas mansas a la indignación (ver Juan 8).

Podemos intentar hacerlo todo por nuestra cuenta, o podemos refrenar nuestro orgullo y fuerza apropiadamente con mansedumbre. El plan de Dios se desenvuelve de la mejor manera para guiarnos a la santidad a pesar de nuestra concupiscencia (ver Rom 8:28). Los rencores y resentimientos siempre van a robar la energía de nuestra alegría. El sentirse con derecho puede ser la perdición de muchas almas. Puede encadenarnos a nuestra propia actitud de orgullo exagerado; reduciendo nuestra virtud, especialmente nuestra paciencia y la calma del alma.

Reflexiona en las veces que te has obsesionado con el mal que alguien te ha hecho. ¿Cómo te mantuviste mansa y paciente, magnificando al Señor? ¿Cómo reaccionaste? ¿Te replegaste y guardaste resentimiento? ¿Cómo puede tu llamado a la mansedumbre como virtud, cambiar tu forma de prepararte para situaciones y relaciones que sabes que te llevan al límite?

DÍA 65: La filósofa Edith Stein, conocida como Sta. Teresa Benedicta de la Cruz fue un aprendiz durante toda su vida y dirigirá nuestras reflexiones de genio femenino en la mansedumbre y paciencia.

> "Cada vez que siento impotencia e inhabilidad de influir directamente en la gente, me vuelvo más consciente de la necesidad de mi propio holocausto." –Sta. Teresa Benedicta de la Cruz
>
> "Deja tus planes." –Sta. Teresa Benedicta de la Cruz
>
> "Deben morir con Cristo para poder elevarse con Él: la muerte permanente del sufrimiento y de la negación diaria de si mismo..." – Sta. Teresa Benedicta de la Cruz (Edith Stein. *La Ciencia de la Cruz/The Science of the Cross.* (2002) ICS Publications)

Antes de su conversión, Edith Stein era una mujer Judía convertida en atea que vivió a principios de los 1900s. Ella leyó la biografía de Sta. Teresa de Ávila y poco después se convirtió al Catolicismo. Estudió Alemán e historia, pero le interesaba mucho más la filosofía y eventualmente escribió una disertación sobre la empatía. Enfocó sus estudios en la femineidad y cómo las mujeres tienen mucho que aportar a la sociedad activa por su intelecto centrado en las personas. Reconoció que las mujeres no sólo son "madres" de sus hijos, sinó de muchos más. Las mujeres están interesadas en la continuación de la sociedad simplemente por el bien del mundo, no por una agenda escondida; ellas constantemente enseñan no por orgullo, sino por el deseo de hacer crecer a la comunidad (la maternidad y generosidad como piezas del genio femenino). Como ella no tenía hijos, estaba especialmente calificada para hablar de este tema a todas las mujeres.

Edith Stein ejemplificó la mansedumbre porque pudo haber tenido un sinnúmero de reacciones de enojo a su situación, pero buscó hacer sólo la voluntad de Dios. Ella contuvo su voluntad propia, así fuerte como era, porque quería que Dios la hiciera santa. La paciencia es aceptación y confianza en el sufrimiento involuntario—particularmente cuando la gente o las situaciones nos decepcionan. Como profesora de filosofía, a Edith Stein se le negó el profesorado basado en su feminidad y después por ser "Judía." Ella siguió escribiendo e influyó en quienes la rodeaban acercándose a la Verdad de Cristo en una época en que era casi ilegal (¡En algunos lugares lo era!).

La paciencia se parece a negarnos a nosotras mismas la gratificación instantánea. Su director espiritual le dijo que no entre al convento por varias razones, a pesar de sus deseos de ingresar al convento Carmelita. Ella fue paciente a los planes de Dios y pasó tiempo compartiendo a Cristo con su familia y con los que estaban a su alrededor. Su hermana se convirtió como resultado del tiempo que pasaron juntas y cuando estalló la segunda Guerra Mundial, ambas ingresaron al convento.

Como indica el hecho de que tomara el nombre religioso de *Benedicta de la Cruz*, se sintió muy unida a la pasión de Cristo. Reconociendo que Cristo nos llama a todos a *cargar nuestra cruz y que lo sigamos* (Mateo 16:24), ella practicó las virtudes de la mansedumbre y paciencia frente a los desafíos e injusticias. Estaba muy interesada en la no-violencia y en perpetuar la misión de amor de Cristo. Devolver la injuria con paz serena, sufrir voluntariamente con paciencia...esos fueron sus últimos testimonios. Sta. Teresa Benedicta fue llevada de contrabando de un convento Carmelita a otro durante la opresión Nazi, pero la encontraron y fue llevada a un campo de concentración, donde rápidamente murió en la cámara de gas. Sus escritos e ideas perduraron y ahora son algunos de los más citados en el marco del genio espiritual femenino.

Nuestro deseo de ayudar a que los demás encuentren a Jesús significa que debemos ser testigos de Su amor, misericordia y sacrificio que une la alegría en Él. Nuestro propio amor, misericordia y sacrificio se exhiben obviamente en la mansedumbre—cuando personas nos insultan o lastiman y nosotras respondemos con amor. Este testimonio es más poderoso que las palabras. No podemos salvar a las personas o siempre influenciar su fe; pero podemos llevar nuestras cruces como Cristo y confiar en Él.

Reflexión: ¿Eres planificadora? ¿Eres libre de dejarte dirigir por la voluntad de Dios? ¿Cómo es que la confianza hace posible que florezca la mansedumbre y paciencia? ¿Crees que siendo un poco más mansa y más paciente ayude a que tus sacrificios y sufrimientos te acerquen más a la santidad? ¿Ves alguna conexión entre la generosidad y la mansedumbre?

DÍA 66: Cuando permitimos que nuestras cruces se 'unan' a Jesús, nuestra alma está más en paz y vivimos las virtudes que debemos emular. Cuando somos fieles a Él, vivimos en el mundo, pero sabemos que no estamos en casa.

> Carguen con mi yugo y aprendan de mí que soy paciente de corazón y humilde, y sus almas encontrarán alivio. –Mateo 11:29
>
> Pues el temor al Señor es sabiduría e instrucción; él mismo te concederá la fidelidad y la mansedumbre. –Sir 1:27
>
> "Sin embargo ahora acepto la muerte que Dios ha preparado para mi con total sumisión y con alegría por ser su santísima voluntad para mí. Le pido al Señor que acepte mi vida y mi muerte...para que el Señor sea aceptado por Su gente y que Su Reino venga en gloria, por la salvación de Alemania y la paz del mundo" – Testamento de Sta. Teresa Benedicta de la Cruz, 9 de Junio, 1938
>
> Tras su canonización, el Papa San Juan Pablo II nombró a Sta. Teresa Benedicta, "una hija de Israel la cual, como Católica durante la persecución Nazi, se mantuvo fiel al Señor Jesucristo crucificado y como Judía, a su gente con amorosa fidelidad." Acceso al sitio de internet para el Vaticano: http://www.vatican.va/news_services/liturgy/saints/ns_lit_doc_19981011_edith-stein-en.html

En algunas traducciones de Mateo 11:29, se lee manso en vez de gentil y humilde en vez de modesto. Estas cuatro palabras hablan de estar en paz, una paz que *el mundo no puede dar*. El Señor nos quiere dar serenidad del alma; espíritus pacíficos. Si "tememos al Señor," ponemos atención a Sus mandatos e instrucciones; si alineamos nuestra voluntad con la de Él, entonces seremos virtuosas—seremos santas.

Sta. Teresa Benedicta escribió tan bellamente cómo es posible mirar donde queremos estar y usar donde estamos ahora para encontrar alegría en la tierra—a través de nuestra unión con Cristo. Que ésta sea nuestra meditación de hoy;

> Pero como ser uno en Cristo es nuestra santidad y llegar a ser progresivamente uno con Él nuestra felicidad en la tierra, el amor de la cruz no contradice en absoluto el ser un hijo gozoso de Dios. Ayudar a Cristo a llevar su cruz nos llena de una alegría fuerte y pura y los que quieren y pueden hacerlo, los constructores del Reino de Dios, son los hijos

> más auténticos de Dios. Y aquellos que tienen una predilección (cariño) por el camino de la cruz de ninguna manera niegan que el Viernes Santo ya pasó y que la obra de la salvación se ha cumplido. Sólo aquellos que son salvados, sólo los hijos de la gracia, pueden de hecho ser portadores de la cruz de Cristo. Solo en unión con la Cabeza divina, el sufrimiento humano adquiere poder expiatorio. Sufrir y ser feliz aunque se sufra, tener los pies en la tierra, caminar por los senderos sucios y duros de esta tierra y, sin embargo, ser entronados con Cristo a la derecha del Padre, reír y llorar con los hijos de este mundo y cantar sin cesar las alabanzas de Dios con los coros de los ángeles, ésta es la vida del Cristiano hasta que emerja la mañana de la eternidad. ("A los Pies de la Cruz" – Sta. Teresa Benedicta de la Cruz)

Reflexión: ¿De qué manera lo que hacemos en la Tierra ilumina lo que Cristo hizo en la Tierra? ¿Nos estamos convirtiendo en uno con Él aquí? ¿Cargamos nuestra cruz? El murió y resucitó. ¿Hemos muerto a nosotras mismas? ¿Hemos resucitado a una nueva vida en la tierra? ¿Vivimos de forma diferente a medida que "nos hacemos progresivamente uno con Cristo"? ¿De qué modo la Eucaristía abarca este tema?

DÍA 67: Teresa Benedicta, buscaba tan profundamente la unidad con Dios que descuidó el mundo al principio, pensando que la vida espiritual era reprimida por el mundo. Pero se dio cuenta de que debemos santificar nuestra vida *en* el mundo, no huir de él. La virtud ayuda a que nuestra cruz sea santificadora.

> Los invito pues, yo, "el preso de Cristo", a vivir de acuerdo con la vocación que han recibido. Sean humildes, amables, pacientes, y sopórtense unos a otros con amor. Mantengan entre ustedes lazos de paz, y permanezcan unidos en el mismo espíritu. Sean un cuerpo y un espíritu, pues al ser llamados por Dios, se dio a todos la misma esperanza. Uno es el Señor, una la fe, uno el bautismo. Uno es Dios, el Padre de todos, que está por encima de todos, y que actúa por todo y en todos. -Efesios 4: 1-6
>
> "El alma de la mujer debe ser muy expansiva y abierta a todos los seres humanos [receptiva], debe estar silenciosa para que ninguna llama débil y pequeña sea apagada por los vientos tormentosos; cálida para no entumecer los brotes frágiles [sensible]...vacía de sí misma para que la vida externa tenga espacio en ella [maternal]; finalmente dueña de sí misma y también de su cuerpo para que la persona entera esté fácilmente a la disposición de cualquier llamada [generosa]." -St. Teresa Benedicta [las notas agregadas para señalar las cualidades del genio femenino] (Edith Stein. *Ensayos sobre la Mujer: Las Obras Recopiladas de Edith Stein /Essays on Woman: The Collected Works of Edith Stein.* (2012) ICS Publications)
>
> "Incluso creo que cuanto más profundamente alguien se siente atraído por Dios, tanto más tiene que 'salir de sí misma' en este sentido, que es, ir al mundo y llevar la vida divina a él." -St. Teresa Benedicta de la Cruz (Edith Stein. *La Ciencia de la Cruz/The Science of the Cross.* (2002) ICS Publications)

Tratar de desarrollar la mansedumbre nos puede predisponer a evitar el conflicto por completo. Sin embargo, el conflicto y su resolución posterior puede llevarnos a la unidad—evitar el conflicto crea una ilusión de unidad que eventualmente se convertirá en algo tan grande como un cisma.

Cuando queramos retirarnos del peso del mundo, llevemos las palabras de Sta. Teresa al corazón; ¡somos llamadas a *llevar la vida divina al mundo*! Cuando los demás nos lastimen, no devolvamos la acción. Respondamos con calma y mansamente con lo que más ayuda a los demás a ver el rostro de la misericordia y del amor de Dios.

Al encontrarnos con un prójimo herido, una amiga solitaria, un alma perdida, caminamos con ellos como compañera. Buscamos magnificar al Señor para que otros sean atraídos a Su abrazo. Nuestro Padre siempre amoroso desea que *todos* Sus hijos encuentren la alegría verdadera y la felicidad transcendente en Él—y Él nos usa para reflejar eso cuando respondemos mansamente. La espiritualidad del genio femenino ancla a la mujer, dándonos pilares sobre los cuales nuestra fe construye una casa, llena de amor y esperanza que acoge a los demás en su interior. Nuestra creación fue para la unión, con Dios y con otros seres humanos que están hechos a Su imagen. No podemos evitar el conflicto porque todos tenemos nuestras propias opiniones y pecados, pero lidiar con nuestras luchas internas y con los demás puede llevarnos más profundamente al amor de Cristo.

Reflexión: ¿Qué es necesario para restablecer la unión? ¿Cómo puede ayudar la mansedumbre dentro de la Iglesia global? ¿Qué aportará más unidad dentro de tu iglesia local? ¿Y en tu propia familia? Si durante un tiempo hay conflicto, ¿cómo puede el deseo de unidad guiar nuestras discusiones y resoluciones de desacuerdos? Nuevamente, no podemos controlar a los demás o darles fe o virtud, pero podemos hacer todo lo posible por mantener la comunicación abierta y caritativa.

¿Además, alguna vez quieres evitar el conflicto? ¿Quieres evitar al mundo a menudo? Conecta la mansedumbre y la paciencia con la amabilidad sobre la que reflexionamos al principio de nuestros 90 días. ¿Quiénes en tu vida necesitan de tu mansedumbre?

DÍA 68: Bienaventuranza significa bendición suprema; recordando en particular: que *los mansos son bienaventurados porque ellos heredarán la tierra*, vemos que es posible empezar a compartir la vida divina aquí, como lo escribe Sta. Teresa, aún cuando no nos consideramos místicas.

> CIC 1717: Las Bienaventuranzas dibujan el rostro de Jesucristo y describen su caridad; expresan la vocación de los fieles asociados a la gloria de su Pasión y de su Resurrección; iluminan las acciones y las actitudes características de la vida cristiana; son promesas paradójicas que sostienen la esperanza en las tribulaciones; anuncian a los discípulos las bendiciones y las recompensas ya incoadas (iniciadas); quedan inauguradas en la vida de la Virgen María y de todos los santos.
>
> 1721: Porque Dios nos ha puesto en el mundo para conocerle, servirle y amarle, y así ir al cielo. La bienaventuranza nos hace participar de la naturaleza divina (2 P 1, 4) y de la Vida eterna (cf Jn 17, 3). Con ella, el hombre entra en la gloria de Cristo (cf Rm 8, 18) y en el gozo de la vida trinitaria.
>
> "La perfección máxima a la que puede llegar un espíritu creado—pero, para asegurarse, no sin la ayuda divina—es la visión beatífica. Este es el don divino de unión con Dios por el cual el espíritu creado participa del conocimiento divino al compartir la vida divina. [...] La visión mística o la unión mística representan la aproximación más cercana a esta meta máxima que se puede alcanzar en esta vida terrenal. Una etapa preliminar, sin embargo, para la cual no se requiere este favor supremo, es una fe verdadera y viva." – Sta. Teresa Benedicta de la Cruz (*Ser Finito y Eterno: Un Intento de Ascensión al Significado del Ser/Finite and Eternal Being: An attempt at an Ascent to the Meaning of Being* (2002) ICS Publications)

La gracia nos da la habilidad de crecer en unión con el Divino a través de nuestra vida virtuosa y nuestra oración contemplativa. El Espíritu Santo nos da el *poder* para tener *dominio propio* (recuerda nuestra meditación de la semana pasada). Tenemos la capacidad de ser libres de no dejarnos llevar por nuestras pasiones a dioses falsos. Este poder de tener "dominio propio" significa que una mujer mansa no es esclava de sus emociones ni está apegada a su propia reputación o autoestima. Como se escribió a principios de esta semana, la mansedumbre es la templanza de la cólera y sus reacciones.

No despreciamos a los demás, no chismorreamos, o nos burlamos de ellos; a pesar de los pecados de otros, debemos amarlos misericordiosamente como nos muestra el ejemplo de Cristo. Incluso cuando no estamos de acuerdo con alguien, no podemos guardar rencor ni buscar retribución. No sacamos a las personas fuera de nuestra vida en respuesta a la cólera. Y si tenemos alguna culpa en la discusión o disfunción, buscamos el perdón y hacemos las paces. La autoacusación consiste en examinar lo que podemos hacer mejor para escuchar a los demás y atender a sus necesidades sinceras y así ayudarlos a ver la bondad de Dios.

Es en las relaciones donde Dios nos pide que demostremos amor, porque aunque odiemos los pecados de los demás, hablamos Su Verdad de tal manera que los demás saben que vemos su dignidad y deseamos su salvación tanto como la nuestra. Cualquier elección que hagamos para manejar una dinámica desafiante, oremos para que hagamos la voluntad de Dios pacientemente —siempre discerniendo las relaciones, ya que nuestra experiencia con ellos es una oportunidad para engrandecer al Señor.

Reflexión: Tómate un tiempo para anotar o reflexionar en las áreas donde la falta de mansedumbre te aleja de una *fe verdadera y viva*, perdiéndote el estado preliminar de bendición suprema. ¿Cómo caes presa del deseo de tener la última palabra, o del deseo de ser reconocida correctamente, querida, respetada a todo costo? ¿Te sientes ofendida cuando los demás desafían tu estatus quo? ¿Qué piensas que Dios te está pidiendo que hagas, digas, o seas en tu relación más difícil?

DÍA 69: La mansedumbre sirve para santificar el enojo, por lo tanto es una virtud opuesta a la ira. La paciencia es una virtud porque soporta los agravios y adormece la concupiscencia.

> Por el enojo, el cual es mitigado por la mansedumbre, es, a causa de su impetuosidad, un muy grande obstáculo al libre juicio de la verdad del [mujer] hombre: por lo que la mansedumbre sobre todo hace al [mujer] hombre calmado. - Sto. Tomás de Aquino, Summa Theologiae II-II, Q157, c04
>
> Por lo que Agustín dice (De Patientia ii): "La paciencia del hombre es por lo que soporta el mal con una mente igual," i.e. sin ser perturbado por el dolor, "para que no abandone con una mente desigual los bienes por los que puede que avance a mejores cosas." Es entonces evidente que la paciencia es una virtud. - Sto. Tomás de Aquino, Summa Theologiae II-II, Q136, c01
>
> Se dijo, además: "Ojo por ojo y diente por diente." En cambio, yo les digo: No resistan a los malvados. Preséntale la mejilla izquierda al que te abofetea la derecha, y al que te arma pleito por la ropa, entrégale también el manto. Si alguien te obliga a llevarle la carga, llévasela al doble más lejos. Dale al que te pida algo, y no le vuelvas la espalda al que te solicite algo prestado. -Mateo 5: 38-42
>
> "Si cualquiera viene a mí, lo quiero guiar hacia Él." -Sta. Teresa Benedicta

Cuando tratamos de crecer en la mansedumbre como una virtud, confiamos en que Dios convierta la ofensa contra nosotras en algo más grande. La esperanza del Cielo - La Visión Beatífica - ayuda a evitar la autocompasión o desesperación porque sabemos que la alegría no viene cuando estamos resentidos. Vivimos nuestras vidas pidiéndole a Dios que purifique nuestras almas hasta convertirnos en las Santas que estamos llamadas a ser y extendemos generosamente la misericordia a los demás porque nos trae una alegría verdadera y duradera.

Nunca debemos *elegir* sufrir dolor, reproche, insulto, o lesión como un fin en si mismo. Solo lo soportamos con paciencia y respondemos con mansedumbre, porque son oportunidades de combatir el pecado—es decir, la separación de Dios—mediante la unidad con Su pasión, muerte y resurrección. Como hemos reflexionado anteriormente, las virtudes no son el fin de todo...son la manera de magnificar al Señor en el mundo a través de nuestras propias vidas. Nuestras virtudes nos llevan a nosotros y a otros hacia Él.

No podemos ser como la cultura secular que busca retribución y "justicia" en la vena del orgullo egoísta (vea CIC 2485). Lo que es justo, solamente para Dios—humildad, paz, dulzura—debe ser considerado en alta estima. La tranquilidad del alma nos conduce a una alegría perdurable anclada en el amor. Piensa en las palabras que usamos para describir a María, nuestro modelo en Magnificar: bendecida, tierna, mansa, humilde, llena de alegría. Para obtener estas cualidades en nuestra vida, necesitamos perseguir activamente la virtud.

Refleja sobre este pasaje de CIC 2843: "el corazón que se ofrece a si mismo al Espíritu Santo cambia la herida en compasión y purifica la memoria transformando la ofensa en intercesión."

Lleva las lecturas antes mencionadas y este pasaje del Catecismo a la oración y a tu diario personal. Si es necesario, da pasos para ofrecer tu corazón al Espíritu Santo, convierte el dolor en intercesión; considera tender la mano con compasión a alguien que te haya ofendido, no porque esperes una disculpa, sino porque te da libertad interior para unirte al Amor.

DÍA 70: La paciencia y la mansedumbre para llevarnos a nuestro fíat único, nuestro sí a la voluntad de Dios para nuestra vida. La pieza maternal de nuestro genio femenino se encuentra en todas las vocaciones y su mejor modelo es María.

> Por lo demás, felices ustedes cuando sufran por la justicia: no teman sus amenazas ni se turben. Al contrario, sigan adorando interiormente al Señor, a Cristo, siempre dispuestos para justificar la esperanza que los anima, ante cualquiera que les pida razón. Pero háganlo con sencillez y respeto, como quien tiene la conciencia en paz. Así, tendrán vergüenza de sus acusaciones todos aquellos que a ustedes los calumnian por llevar la hermosa vida cristiana. Es mejor sufrir por hacer el bien, si tal es la voluntad de Dios, que por hacer el mal. –1 Pedro 3: 14-17
>
> St. Teresa Benedicta sobre las diversas vocaciones y estados de vida de la mujer (*Edith Stein Ensayos sobre la Mujer/Essays on Woman: Las Obras recopiladas de Edith Stein/The Collected Works of Edith Stein*. (2012) ICS Publications):
>
>> "Tanto la compañía espiritual como la maternidad espiritual no se limitan a la relación física de esposa y madre, sino que se extienden a todas las personas con las que la mujer tiene contacto."
>>
>> "Toda profesión en la que el alma de la mujer madura y puede ser formada por el alma de la mujer es una auténtica profesión de mujer."
>>
>> "El ser madre es nutrir y proteger a la humanidad y llevarla al desarrollo."

La mansedumbre y la paciencia requieren de humildad, gratitud y docilidad. Como María, debemos buscar decirle sí a Dios mientras lo magnificamos en nuestra alma. Esto aporta madurez a nuestra espiritualidad de la maternidad. Si el llamado para ser un genio femenino fervoroso en el mundo parece agotador, recordamos como nuestra debilidad nos lleva a morar en la misericordia de Dios.

Las profundas palabras de Sta. Teresa Benedicta ha dado ánimo a mujeres llenas de fe que buscan su lugar en el polémico panorama de la identidad de género, la fluidez y la negación en el mundo moderno. La feminidad auténtica está bajo ataque. Escuchamos la insistencia neofeminista que, para ser valorada *debemos* ser capaces de hacer todo lo que los hombres hacen y así acabar con la distinción de género. Sin embargo, muchos *nos* consideran más débiles y a menudo se nos respeta menos, hagamos lo que hagamos o los logros que tengamos. Sin embargo, *somos* vistas por muchos como débiles y somos menos respetadas sin importar lo que hagamos o los logros que tengamos.

En la unidad de la Santísima Trinidad, llegamos a entender que la respuesta a nuestro anhelo y al respeto de nuestra dignidad no se basa en lo que hacemos. ¡Viene por lo que somos—mujeres! Dios llama a cada mujer a una vocación única que utiliza nuestra feminidad. Muchas de nosotras somos llamadas a trabajar en el mundo mientras que otras son llamadas a la maternidad física a través del nacimiento o adopción. Podemos ser llamadas a ambas cosas—o a ninguna, si Dios nos atrae a una relación con Él a través de una vocación a la vida consagrada. Los caminos para vivir nuestra vida son tan variados como cada una de nosotras. Se reduce a discernir la voluntad de Dios y a seguirla. Cuando perseguimos lo que no es nuestra vocación, nos encontramos insatisfechas, desbalanceadas y descorazonadas.

Tal vez somos tentadas por algo distinto a nuestra verdadera vocación y las opiniones de los demás, o *nuestras* expectativas de cómo debe ser la vida pesan mucho en nosotras. Las tentaciones nos pueden hacer sentir que nuestro intelecto se desperdicia al quedarnos en casa para criar niños, o los demás nos desprecian si no somos llamadas a tener hijos o se decepcionan porque trabajamos a tiempo completo, o nos sentimos abandonadas ahora que ya nos jubilamos y vivimos solas, o nos tachan de 'locas' por vivir una vida consagrada. ¿Cuántas de nosotras nos hemos sentido inadecuadas o perdidas—como que no encajamos en ningún lugar hagamos lo que hagamos? No podemos darles gusto a todos. Al único que hay que agradar es al Señor.

Cuando discernimos la voluntad de Dios en nuestra vida, nos damos cuenta de que el único sitio en el que debemos encajar es "ser santa." Debemos recordar que necesitamos aferrarnos a la esperanza de convertirnos en Santas a través de nuestra vida interior de oración, enriquecida por los sacramentos que fortalecen nuestras virtudes en nuestra vida activa.

Reflexión: ¿Qué virtudes te ayudan a mantener la calma a pesar de seguir un estilo de vida contracultural? ¿Cómo la mansedumbre y la paciencia te ayudan a mantener la esperanza en tu vocación? Dedica hoy *más* tiempo a dar gracias por el don del sustento en la Eucaristía.

Previsión +

Providencia

DÍA 71: En esta semana vamos a reflexionar en la previsión como una virtud vital para la prudencia. Es mirar al futuro con opciones de cautela ahora. La Providencia Divina dirige nuestro uso de la prudencia porque no podemos pensar virtuosamente en el futuro sin reconocer que Dios ya lo sabe. Las palabras en realidad están todas etimológicamente relacionadas.

> CIC 306: Dios es el Señor soberano de su designio. Pero para su realización se sirve también del concurso de las criaturas. Esto no es un signo de debilidad, sino de la grandeza y bondad de Dios todopoderoso. Porque Dios no da solamente a sus criaturas la existencia, les da también la dignidad de actuar por sí mismas, de ser causas y principios unas de otras y de cooperar así a la realización de su designio.
>
> 307: Dios concede a los hombres incluso poder participar libremente en su providencia confiándoles la responsabilidad de "someter" la tierra y dominarla (cf Gn 1, 26-28). Dios da así a los hombres el ser causas inteligentes y libres para completar la obra de la Creación, para perfeccionar su armonía para su bien y el de sus prójimos. Los hombres, cooperadores a menudo inconscientes de la voluntad divina, pueden entrar libremente en el plan divino no sólo por sus acciones y sus oraciones, sino también por sus sufrimientos (cf Col 1, 24). Entonces llegan a ser plenamente "colaboradores [...] de Dios" (1 Co 3, 9; 1 Ts 3, 2) y de su Reino (cf Col 4, 11).
>
> 308: Es una verdad inseparable de la fe en Dios Creador: Dios actúa en las obras de sus criaturas. Es la causa primera que opera en y por las causas segundas: "Dios es quien obra en vosotros el querer y el obrar, como bien le parece" (Flp 2, 13; cf 1 Co 12, 6). Esta verdad, lejos de disminuir la dignidad de la criatura, la realza. Sacada de la nada por el poder, la sabiduría y la bondad de Dios, no puede nada si está separada de su origen, porque "sin el Creador la criatura se diluye" (GS 36, 3); menos aún puede ella alcanzar su fin último sin la ayuda de la gracia (cf Mt 19, 26; Jn 15, 5; Flp 4, 13).

El entendimiento secular de la previsión transmite una sensación de precaución, o un análisis de todos los resultados posibles. Pero la previsión como virtud, tiene que ver con reconocer a Dios como nuestra fuente de vida y tomar decisiones con un auténtico reconocimiento de Su amor. El bien que Dios quiere para nosotros es una eternidad libre de pecado—y debemos ser participantes *activas* en la consecución de este objetivo (aceptando la voluntad de Dios) o de lo contrario nos condenaremos al infierno.

La previsión nos ayuda a ver formas en las que debemos mortificarnos para erradicar el pecado, para así estar menos atadas al mundo con el paso de los días. La previsión a veces parece estar tocando puertas metafóricas en nuestras vidas para ver si se abren a un camino que nos acerque más a Dios—y después elegir otra puerta si no es así.

Actuamos prudentemente cuando consideramos varias opciones para una acción o inacción, recopilamos información sobre cuál es la mejor y a continuación tomamos la decisión correcta y actuamos en consecuencia. Según vamos madurando, ésto pasa rápidamente, o incluso instantáneamente para las cosas pequeñas. La prudencia se considera la virtud principal porque estamos tratando de hacer lo que consideramos como "buena" opción en el momento para que el futuro sea mejor. Esto impacta todos nuestros hábitos y virtudes. Primero debemos ser capaces de discernir qué es el *bien* y *después* tomar decisiones acertadas: No podemos ser moderadas en nuestro consumo si primero no sabemos qué es lo que nos ayuda o nos lastima. No podemos ser justos con los demás si no reconocemos *lo que es* justo. Y ciertamente no podemos tener fortaleza si no determinamos prudentemente nuestra moral en la que perseverar. Vemos que la prudencia conduce a la búsqueda de otras virtudes cardinales—pero cómo luchamos por encontrar tracción dentro de ella cuando la escrupulosidad nos agobia o la presunción nos empuja orgullosamente a seguir adelante.

Reflexión: A medida que tomas conciencia del modo en que las virtudes afectan tu vida interior, ¿cómo has pasado de colaboradora inconsciente a colaboradora de tiempo completo? Reflexiona en tu historia espiritual, ¿dónde te ha ayudado Dios a lo largo del camino, incluso cuando la vida parecía dura o confusa? ¿Por qué puedes confiar en que Él sabe lo que es mejor? ¿Cómo inspira la oración meditativa la prudencia? ¿Qué otras actividades en tu vida te ayudan a crecer en la previsión?

DÍA 72: Sta. Celia Martin fue canonizada con su esposo, Sto. Luis Martin en el 2015. Sta. Teresa of Lisieux escribió ésto sobre sus padres, cuyas virtudes se basaban en la espiritualidad providencial, "El cielo es el lugar hacia el que tendían todas sus acciones y deseos".

> CIC 2046: Llevando una vida según Cristo, los cristianos apresuran la venida del Reino de Dios, "Reino de justicia, de verdad y de paz" (Solemnidad de N. Señor Jesucristo Rey del Universo, Prefacio: Misal Romano). Esto no significa que abandonen sus tareas terrenas, sino que, fieles a su Maestro, las cumplen con rectitud, paciencia y amor.
>
> "Si Dios quiere sanarme, estaría muy contenta porque, en el fondo, quiero vivir. Me esta costando dejar a mi esposo y a mis hijos. Pero por otro lado, me digo a mi misma, 'si no me curo, es porque a lo mejor será mas útil para ellos que me fuera..." - Sta. Celia Martin
>
> "Yo era como tú cuando empecé mi negocio de encaje en Alencon. Me enfermé por eso; ahora soy mucho más razonable. Me preocupo mucho menos y me he resignado a los acontecimientos conflictivos que ocurren y que me pueden pasar. Me digo a mi misma que Dios lo permite y después ya no pienso más sobre eso." - Sta. Celia Martin

Sta. Celia Martin se crió en una familia rígida pero creció hasta convertirse en una mujer mansa y amorosa, que confiaba en la providencia dándole una gran previsión. Celia deseaba una vocación en la vida religiosa, pero fue rechazada por motivos de salud. Ella discernió que Dios la llamaba a una vida de casada. Mientras esperaba a que su vocación de fruto, ella abrió un negocio de encaje. Esto en realidad la llevó a conocer a Luis, pues su madre la conoció por el negocio e insistió en que se conocieran. Se casaron muy pronto después de conocerse. Tuvieron 9 hijos—cinco niñas vivieron a ser adultas y todas se hicieron monjas—la más famosa de todas fue Sta. Teresa, la "pequeña flor."

Celia fue un *genio femenino* esforzándose por vivir una vida virtuosa—cuidando del pobre, teniendo compasión por sus empleados, estando cerca del Señor en los sacramentos y en la oración—mientras también animaba a todos a su alrededor a convertirse en santos. Iba a misa diariamente, recibía la comunión tan seguida como lo era permitido y la mayoría de los Domingos, ¡iba dos o tres veces a misa! Vivió su vida alrededor del calendario litúrgico incluyendo peregrinaciones, retiros y ayunaba cuando no estaba embarazada (ella reconoció que no le *gustaba* ayunar, ni tampoco se consideró lo bastante "fuerte" para hacerlo bien). La familia Martin también guardaba el Domingo como día de verdadero descanso, lo cual era contracultural pues Francia era cada vez menos religiosa y habían más negocios que abrían los Domingos.

Luis vendió su tienda de relojes para ayudar con el negocio de encajes que era más exitoso, manejado por Celia—todo un ejemplo de discernimiento dentro del matrimonio, aunque al mundo le pareciera un camino radical—un hombre apoyando los emprendimientos de su esposa. Las formas en que el hombre y la mujer se complementan en la vocación al matrimonio pueden variar dentro de la providencia de Dios. Dios puede trabajar de diversas formas para atraer a los demás hacia Él, siempre que estemos dispuestas y confiemos en Su voluntad.

Su objetivo al educar a sus hijos era ayudarlos a que se hicieran santos y a su vez, ella misma llegó a serlo. Fue canonizada por la manera que vivió su vocación en su vida de casada— ¡Qué esperanza trae a aquellas llamadas al matrimonio! Quizás a menudo sentimos que no es tan piadosa como una vida consagrada, pero el *único* modo de ser Santa es seguir la voluntad de Dios en nuestras vidas. Sus decisiones sobre su estilo de vida, las actividades permitidas, palabras y afirmaciones usadas (o no usadas) y transmitiendo la fe permitió que la familia Martin fuera capaz de prosperar en su ausencia—porque ella les enseñó a estar arraigados en Cristo y practicar la virtud para engrandecer al Señor.

Celia falleció a los 46 después de años batallando con cáncer de mama que hizo metástasis. Sufrió inmensamente—la descripción de su dolor y de sus dificultades, conmemorados en cartas, aún pueden leerse en varios libros sobre su familia. Su calma durante el sufrimiento sirve como testamento de un alma virtuosa que sabía que el cielo es infinitamente mejor que la tierra—y si Dios permite la muerte corporal es para que de ella pueda salir mas bien. Su muerte acercó aún más a su familia con Dios, provocando que Teresa adoptara a María como su madre espiritual e inspiró una gran espiritualidad que la Pequeña Flor pasó a todos como Doctora de la Iglesia.

Reflexión: ¿Cómo el ejemplo de Sta. Celia puede recordarte que lo importante es vivir tu Vocación particular? ¿Cómo se relaciona la previsión con tus planes y objetivos de vida, grandes o pequeños? ¿Todas sus acciones y deseos tienden hacia el cielo? ¿Por qué piensas que el discernimiento y la previsión están relacionados?

DÍA 73: La previsión nos da la mentalidad de abrir un camino para que Dios nos perfeccione. Podemos alcanzar verdadera libertad del pecado cuando estamos atentas a las áreas de las que necesitamos desprendernos.

> Hijo mío, si das acogida a mis palabras y guardas junto a ti mis mandamientos, con tus oídos siempre atentos a la voz de la sabiduría y abierto tu corazón a la reflexión; si llamas a la inteligencia y levantas tu voz hacia la prudencia; si la buscas como a la plata y la rebuscas como un tesoro, entonces comprenderás el temor de Yavé y hallarás el conocimiento de Dios. Pues él da la sabiduría, y de su boca sale la inteligencia y la ciencia. Él reserva su auxilio para los hombres buenos, es el escudo de los que caminan en la inocencia. El guarda las sendas de los justos y dirige los pasos de sus fieles. Entonces entenderás la justicia, la rectitud y la honradez; éstas te conducen a la felicidad. La sabiduría entrará en ti; la ciencia te vendrá a recrear; el buen consejo velará sobre ti y la prudencia te cuidará. –Proverbios 2: 1-11
>
> "En resumen, no veo las cosas oscuras y esa es una gran gracia que Dios me ha dado...Pase lo que pase aprovechemos los buenos tiempos que nos quedan y no nos preocupemos. Además, las cosas siempre serán como Dios quiere." – St. Celia Martin
>
> Por eso, tú regresa donde tu Dios: actúa con amor y justicia, y confía siempre en él. –Oseas 12: 6

Convertir la previsión de una cualidad secular a una virtud espiritual llena de fe depende del temor de Dios. El temor del Señor no es tenerle miedo a Dios. Es estar asombrado por Él, preocuparnos tanto por Él que no queremos estar separadas de Él al pecar conscientemente. Tratamos de entender lo que es el pecado, lo que nos lleva a pecar, cómo evitar el pecado; por lo tanto, busquemos sabiduría y consejo. Acogiendo al Espíritu Santo como nuestro Consejero, buscando la Verdad, podemos discernir la voluntad de Dios y esforzarnos más para evitar el pecado.

Queremos saber la voluntad de Dios en su totalidad, pero a menudo Él solo revela un poco a la vez: el siguiente paso correcto. El problema viene cuando ponemos mucho énfasis en lo que está por venir en la próxima vuelta. La previsión es no predecir el futuro. Los pasajes de la biblia y las citas anteriores de Sta. Celia nos recuerda que si nos quedamos cerca de Dios, la santidad se encuentra en la espera. La previsión en realidad requiere paciencia.

Sí, debemos ver hacia el futuro, pero Jesús les dijo a sus seguidores muchas veces que no se preocuparan del mañana. Nuestro temor y ansiedad sobre nuestro futuro, o el futuro de nuestros hijos, o qué pasaría si *ésto* o *aquello* ocurre (o no ocurre) no es virtuoso. Nos podemos preocupar sobre el futuro sólo en la medida en que nos acerque a Dios y esto mantiene a nuestra alma en un estado de viaje hacia la perfección a través de la Providencia. Hacemos planes para el futuro reconociéndolos como una manera de ayudarnos a evangelizar, a encontrar a Cristo en los demás, o llevarnos a una relación más profunda con Él. No usamos la previsión para fijar y alcanzar metas para su propio fin.

Reflexión: ¿Cuánto te obsesionas con lo que "tienes" que terminar? ¿Qué tan dispuesta estás a las indicaciones del Espíritu Santo? ¿Tu planificación hace crecer tu confianza en Dios o te distrae de ello? ¿Tu agenda llena tu tiempo con la búsqueda de la virtud o la búsqueda de cosas mundanas como la comodidad, el placer, el poder y el dinero? Si Dios te concede riqueza o poder, ¿lo usas para Su gloria? ¿Cómo el ascetismo de *Magnificaré 90* te ayuda a utilizar la prudencia en el camino hacia la santidad? Lee Mateo 6: 25-34 considerando la virtud de la previsión.

DÍA 74: La voluntad permitida de Dios es a menudo difícil de entender; aun así debemos continuar confiando en Él y cargar nuestras cruces.

> CIC 310: Pero ¿por qué Dios no creó un mundo tan perfecto que en él no pudiera existir ningún mal? En su poder infinito, Dios podría siempre crear algo mejor (cf santo Tomás de Aquino, S. Th., 1, q. 25, a. 6). Sin embargo, en su sabiduría y bondad infinitas, Dios quiso libremente crear un mundo "en estado de vía" hacia su perfección última. Este devenir trae consigo en el designio de Dios, junto con la aparición de ciertos seres, la desaparición de otros; junto con lo más perfecto lo menos perfecto; junto con las construcciones de la naturaleza también las destrucciones. Por tanto, con el bien físico existe también el *mal físico*, mientras la creación no haya alcanzado su perfección (cf Santo Tomás de Aquino, Summa contra gentiles, 3, 71).

> Ninguna corrección nos alegra en el momento: más bien trae tristeza. Sin embargo, después produce la paz en los que fueron corregidos y los lleva a la justicia. Por eso, que cobren vigor los brazos que desfallecen y que se hagan firmes las rodillas debilitadas: enderecen los caminos por donde han de pasar, para que el cojo no se pierda, sino que mejore. Procuren estar en paz con todos y progresen en la santidad, pues sin ella nadie verá al Señor. - Hebreos 12: 11-14

> “La cosa más sabia, la cosa más simple, en todo esto es resignarse a la voluntad de Dios y preparase de antemano para llevar la cruz con la mayor valentía posible.” - Sta. Celia Martin

Pasan cosas malas, pasan cosas tristes, *las cruces* existen. El dolor y el sufrimiento existen, pero lo que hacemos con ellos es lo que afecta nuestro camino para convertirnos en santas. Dios extrae lo bueno de esas cosas a través de Su benevolente naturaleza creadora. Su naturaleza infinita lo hace continuamente creativo. Él no creó al mundo ya completo como lo demuestra el hecho que las estaciones cambian, la gente nace y muere y crecemos tanto de mente como de cuerpo. Se deduce lógicamente que el Dios sin fin continuará creando. Estamos hechas a Su imagen y semejanza y somos capaces de participar también en la creación. Estamos llamadas a elegir activa y libremente el *bien* para los demás y para nosotras mismas. Todos estamos lejos de esta perfección, por ello el mundo está lleno de naturaleza perturbada, relaciones perturbadas y orden perturbado.

Sta. Celia conoce uno de los dolores más trágicos que una mujer puede soportar: el dolor de la pérdida de un bebé o niño. Dos hijos y una hija murieron de niños y Elena de cinco años murió después de una enfermedad desgarradora al corazón que causa dificultad para respirar. Estas muertes realmente pusieron a prueba la esperanza, fe y amor de Celia. Ella reconoció que era bueno tener un hijo en el cielo intercediendo por ella, pero también escribió sobre el duelo y la tristeza que sintió por esas pérdidas—diciendo que no estaba segura de que el purgatorio pudiera ser peor. Sus virtudes le permitieron ver que Dios tiene reservado lo bueno más allá de nuestra comprensión. Ella nos da el ejemplo de que hay mucho más por hacer en la tierra: personas a las que amar activamente, sufrimiento redentor que ofrecer y encontrar paz y alegría en Cristo. El continuar en la participación de la naturaleza creativa de Dios nos puede ayudar a salir de nosotras mismas. Las situaciones que Dios nos provee pueden ayudarnos a hacernos santas si cooperamos.

Reflexión: ¿De qué manera reflexionando en la continua creación del mundo por Dios afecta tu visión de perseguir la santidad? Piensa en una ocasión en que tu paz y alegría se vieron interrumpidas por una aflicción o dolor físico. ¿Cómo afecta tu reflexión sobre la Providencia a tu previsión de seguir adelante?

DÍA 75: Jesús vino a unirnos; Él pide que amemos al prójimo como a nosotras mismas. Cuando somos prudentes, podemos prever maneras que dividen y maneras que unen. Podemos tener conversaciones difíciles que no esconden el conflicto bajo la alfombra. La providencia provee oportunidades para fortalecer el cuerpo de creyentes a través de nuestro propio llamado personal a la santidad.

> CIC 2045: Los cristianos, por ser miembros del Cuerpo, cuya Cabeza es Cristo (cf Ef 1:22), contribuyen a la *edificación de la Iglesia* mediante la constancia de sus convicciones y de sus costumbres. La Iglesia aumenta, crece y se desarrolla por la santidad de sus fieles (cf LG 39), "hasta que todos nos juntemos en la misma fe y el mismo conocimiento del Hijo de Dios, hasta que lleguemos al estado de hombre perfecto, a la madurez de la plenitud en Cristo" (Ef 4:13)
>
> Y Dios les dará el Espíritu Santo; por que la promesa es para ustedes y para sus hijos y para todos los extranjeros a los que le Señor llame. Con muchas otras palabras Pedro daba testimonio y los animaba: "Sálvense de esta generación descarriada." Los que creyeron fueron bautizados y, ese día, se les unieron alrededor de tres mil personas. Acudían asiduamente a la enseñanza de los apóstoles, a la convivencia, a la fracción del pan y a las oraciones.
> –Hechos 2: 39-42
>
> Josué dijo a los israelitas: "Purifíquense, porque mañana Yavé estará en medio de ustedes para obrar milagros." –Josué 3:5
>
> "Yo quiero ser una santa." –Sta. Celia Martin

Al reflexionar en la unidad Cristiana con nuestra virtud de la previsión pensemos en las primeras comunidades apostólicas y en los israelitas saliendo de Egipto con Moisés y después Josué. ¿Qué podemos aprender de ellos? ¿Qué hemos perdido en las comunidades de hoy en día?

Recordamos el celo o fervor de estos grupos; el deseo de ser el pueblo de Dios. Por la naturaleza de *nuestro* bautismo en el Cuerpo de Cristo, nosotros también somos el pueblo de Dios. Nosotros los Cristianos debemos estar unidos en nuestro compañerismo, nuestra celebración de la Misa y nuestra vida cotidiana. Somos más fuertes en nuestras virtudes cuando nos elevamos a través de una amistad santa—el hierro afila al hierro.

Se requiere de unidad para transmitir la Verdad. Si estamos divididas, el mensaje del Evangelio que se nos confió se deteriora. La creencia de la gente se derrumba bajo el peso de varias grietas y divisiones. La incongruencia estalla, la verdad "se vuelve" relativa y entonces muchos no pueden ver a Cristo en el mundo.

¿Quién te hace responsable en tu búsqueda de la virtud? ¿Tienes un director espiritual o un mentor? ¿Tienes amigos espirituales que inspiran tu fervor? Dios nos creó para la comunión. Para experimentarlo más plenamente en la Tierra nos necesitamos mutuamente. Nuestro fervor por las almas debe ser unificador, no destructivo o excluyente. Cuando tomamos nuestro fervor y lo emparejamos con la prudencia de la previsión, tenemos una ecuación para la santidad.

Reflexión: ¿Qué opinas de la unidad en relación con la previsión? ¿Has sido fuente de división en tu parroquia? ¿Has intentado unir a los demás? ¿Hasta qué punto te aferras a tu zona de comodidad—o invitas a entrar a extraños? ¿Cómo te pide Dios que te deshagas de cosas, situaciones u opciones que impiden tu santificación, confiando en Su Providencia?

DÍA 76: Sta. Teresa escribió: "Así como los pajaritos aprenden a cantar escuchando a sus padres, así los niños aprenden la ciencia de las virtudes, la sublime canción del Amor Divino de las almas responsables por su formación."

> En verdad, me parece que lo que sufrimos en la vida presente no se puede comparar con la gloria que se manifestará después en nosotros. Y toda la creación espera ansiosamente que los hijos de Dios reciban esa gloria que les corresponde. Pues si la creación está al servicio de vanas ambiciones, no es porque ella hubiese deseado esa suerte, sino que le vino del que la sometió. Por eso tiene que esperar hasta que ella misma sea liberada del destino de muerte que pesa sobre ella y pueda así compartir la libertad y la gloria de los hijos de Dios. Vemos como todavía el universo gime y sufre dolores de parto. Y no solo el universo, sino nosotros mismos, aunque se nos dio el Espíritu como un anticipo de los que tendremos, gemimos interiormente, esperando el día en que Dios nos adopte y libere nuestro cuerpo. La salvación que se nos dio, la debemos esperar. Pero ver lo que se espera ya no es esperar: ¿Cómo se podría esperar lo que se ve? Pues bien, esperar cosas que no vemos, significa tanto constancia como esperanza. –Romanos 8: 18-25
>
> "Tenemos que disponernos a aceptar de corazón la voluntad del buen Señor, sea cual sea, porque Su voluntad es siempre lo mejor para nosotros." –Sta. Celia Martin

Debido a nuestra tendencia a pecar, nuestra concupiscencia, los seres humanos tenemos un 'ajuste predeterminado' de ver el sufrimiento como algo malo. No podemos buscar primero los lujos del mundo o promover la vanidad como formas de lidiar con las incomodidades y después esperar a que nuestros amigos y la familia vean al Señor magnificado en nosotras. No podemos desesperarnos cuando las cargas de la vida pesan sobre nosotras. Tenemos que confiar en la Providencia de Dios, cualquier sufrimiento que Él permita en nuestra vida puede convertirse en esperanza. Podemos inspirar a quienes nos rodean por la forma en que aceptamos nuestras cruces y la esperanza que tenemos en el Cielo.

Tenemos relativamente tan poco tiempo para influenciar a la gente y ¿cómo estamos usando ese tiempo? ¿Somos chismosas? ¿Estamos justificando la debilidad espiritual? ¿Nos dejamos llevar por los vicios en los entornos sociales? ¿Cuánto te compadeces de ti misma al frente de otros?

Podemos magnificar al Señor en el mundo sin ser del mundo y así es como debemos influenciar a los hijos o nietos, sobrinas, sobrinos, etc.... ¿Estamos invitándolos abiertamente a ser santos? ¿Usamos nuestras propias mortificaciones como ofrenda?

Con la previsión, vemos hacia adelante, no hacia atrás. Si nuestros hijos viven fuera de casa, no podemos arrepentirnos de cómo se hicieron las cosas en el pasado. Sólo podemos ver el ejemplo que damos ahora y la forma como enfrentamos a nuestros hijos adultos, o a nuestros propios padres, si están batallando en sus vidas de fe. ¿Qué pasos debemos dar para tener conversaciones difíciles sobre Jesús? ¿A qué actividades podemos invitar a nuestra familia y amigos a participar para que profundicen su fe en vez de su amor por cosas del mundo? Y principalmente, ¿Qué oraciones podemos ofrecer por nuestros hijos espirituales?

Considera ofrecer hoy tus mortificaciones por todos los niños. Llámalos a un modo de vida más libre mediante el estándar de virtud que tú vives. ¿Cómo puedes ser cálida y acogedora y a la vez santa, pura y verdadera? Discierne en oración si Dios te está pidiendo que formes parte de la jornada de alguien.

DÍA 77: La meta es el Cielo; nada en este mundo nos puede dar la felicidad completa. Sta. Teresa es famosa por escribir, "el mundo es tu barco, no tu casa", y lo obtuvo de su madre que citaba frecuentemente un pasaje poético filosófico:

> Sta. Celia recitaba esto a las niñas Martin frecuentemente: "Oh! Háblame de los misterios de este mundo que mis deseos anuncian, en los que mi alma, cansada de las sombras de la tierra, aspira a sumergirse. Háblame de Aquel que la hizo y la llena de sí mismo y que es el único que puede llenar el inmenso vacío que creó en mí." –Amschaspands et Darvands (Félicité Robert Lammenais, sacerdote & filósofo)
>
> "La verdadera felicidad no está en este mundo y estamos perdiendo el tiempo en buscarla aquí." –St. Celia Martin
>
> [Hablando de buscar la santidad] "debía haber empezado antes, mientras no era tan difícil; pero en tal caso, 'más vale tarde que nunca'." –Sta. Celia Martin
>
> Las últimas palabras escritas por Sta. Celia: "Dios quiere que descanse en otro lugar que no es la tierra"

¿Acaso no estamos todas llenas de deseos? Todas queremos ser amadas, aceptadas y alentadas. Todas queremos sentirnos bien y queremos estar cómodas. Nadie, ni siquiera los santos, desearon el sufrimiento sin antes desear el mayor *Bien*. Solo podemos incluso desear una cruz, o escoger una mortificación voluntaria para ofrecerla, si tenemos la previsión de verla como un medio para la meta final del Cielo.

La vida parece como un trabajo pesado cuando no miramos más allá de nosotras mismas. Cuando nos estancamos en un patrón mental egoísta de codicia y arrogancia, nos sentimos constantemente decepcionadas e infelices porque nunca nada será suficiente. Estamos hechas para más, así que dejar que las cosas materiales sean todo por lo que trabajamos nos deja vacías y enojadas. Vivir nuestra vida de esa manera nos deja una sensación de amargura que nos esclaviza. Pero, buscando la felicidad transcendente nos llena el alma de ilusión y esperanza, nos da una alegría que no nos la pueden quitar y es una forma mucho mejor de vivir. De hecho, es la vida para la que fuimos creadas. Dios nos creó con un anhelo insaciable dentro de nuestras almas para saber por qué fuimos creadas. Nuestra vida parece tener sentido cuando nos esforzamos por conocer a nuestro Creador, por devolverle Su amor con el mejor amor que podemos dar y vivir en verdadera libertad. La libertad nos da satisfacción en la esperanza de vida en nuestra alma, mientras que la amargura en la insaciabilidad, da destrucción a través de la muerte de nuestra alma.

Esta es nuestra jornada de *Magnificaré 90* hacia la libertad. Vivimos para afinar las virtudes de modo que todos nuestros deseos mundanos estén arraigados en la búsqueda del Cielo. Nuestra visión del mundo debe ser tal que vea a la Tierra como un medio para el fin, con la previsión necesaria para desear la Felicidad Eterna—no la sesudo-felicidad finita que ofrece el mundo.

Reflexión: ¿Te has quedado queriendo más de la vida? ¿Qué te amarga? ¿De qué manera no vives la idea de que el mundo no es tu hogar? ¿Has estado tentada a dejar *Magnificaré 90*? ¿Estás buscando alguna forma de recompensa tangible? ¿Hay alguna resolución que puedes hacer para practicar la previsión respecto a los deseos providenciales de Dios para tu alma?

Moderación

DÍA 78: Acercándonos al final de nuestro tiempo intencional en el "desierto" del ascetismo estricto, reflexionemos sobre la templanza y como encontrar el equilibrio fuera de algo intencional como *Magnificaré 90*.

> CIC 1809: La templanza es la virtud moral que modera la atracción de los placeres y procura el equilibrio en el uso de los bienes creados. Asegura el dominio de la voluntad sobre los instintos y mantiene los deseos en los límites de la honestidad. La persona moderada orienta hacia el bien sus apetitos sensibles, guarda una sana discreción y no se deja arrastrar "para seguir la pasión de su corazón" (cf Si 5,2; 37, 27-31). La templanza es a menudo alabada en el Antiguo Testamento: "No vayas detrás de tus pasiones, tus deseos refrena" (Si 18, 30). En el Nuevo Testamento es llamada "moderación" o "sobriedad". Debemos "vivir con moderación, justicia y piedad en el siglo presente" (Tt 2, 12). «Nada hay para el sumo bien como amar a Dios con todo el corazón, con toda el alma y con toda la mente. [...] lo cual preserva de la corrupción y de la impureza del amor, que es lo propio de la templanza; lo que le hace invencible a todas las incomodidades, que es lo propio de la fortaleza; lo que le hace renunciar a todo otro vasallaje, que es lo propio de la justicia, y, finalmente, lo que le hace estar siempre en guardia para discernir las cosas y no dejarse engañar subrepticiamente por la mentira y la falacia, lo que es propio de la prudencia» (San Agustín, De moribus Ecclesiae Catholicae, 1, 25, 46).

En nuestra vida diaria yendo hacia adelante, tenemos que encontrar un *equilibrio* que promueva encontrar a Dios en la bondad de la tierra, pero sin perderlo a Él en medio de los deseos desordenados. La virtud que nos ayuda a vivir ese equilibrio y moderación es la templanza. Es refrenarse de cosas que sabemos que no ayudan a convertirnos en las santas que estamos destinadas a ser.

Probablemente no fuimos perfectas en nuestras mortificaciones en *Magnificaré 90*, probablemente nos dimos algún capricho algunos Domingos y solemnidades—quizás hasta olvidamos algo a lo que habíamos renunciado o incluso podríamos habernos dejado llevar por la multitud en una fiesta. Esperemos que no hayamos tirado la cautela al viento y hayamos perdido completamente nuestro sentido del compromiso. Si esto pasó, podemos agradecerle a Dios por Su misericordia cuando perdemos nuestro camino.

Estos 90 días deben habernos enseñado cuáles son nuestras verdaderas ataduras por las que no pudimos renunciar ni siquiera durante unos meses. Tenemos ciertos instintos que nos atraen a las comodidades físicas y hábitos que hemos aprendido a lo largo de nuestras vidas. Estas son las cosas en las que realmente nos podemos enfocar en usar la templanza al seguir adelante. Es probable que no sea necesario renunciar al postre por el resto de nuestra vida, ni tampoco evitar un bocadillo—pero hay ciertos hábitos que adquirimos o dejamos durante *Magnificaré 90* que necesitamos mantener.

San Agustín es mencionado en el Catecismo diciendo que es a través de la templanza que mantenemos nuestro amor a Dios completo e incorrupto. Si podemos hacer tiempo para hacer ejercicio de 5 a 7 días a la semana, sin embargo, solo hacemos de la misa una prioridad los Domingos... ¿podríamos evaluar nuestro horario y *motivación* con respecto a nuestros compromisos? ¿Acaso nos conformamos con darle a Dios sólo 30 minutos al día, sin embargo nos damos una hora para "arreglarnos" para el día con la rutina del cabello y maquillaje? Cuando nos quedamos viendo dos horas de televisión por la noche, pero no pudimos darnos tiempo para rezar un rosario, de nuevo, ¿podemos practicar mejor la templanza? A lo mejor podemos encontrar un mejor equilibrio entre nuestra espiritualidad y las necesidades de nuestro cuerpo. Recuerda, el cuidado propio es algo más que relajarse, es el cuidado del alma. Debemos cuidar nuestra alma o podemos terminar perdiéndola. Haz un plan para mantener el crecimiento virtuoso, porque si permanecemos estancadas, el diablo ciertamente se abalanzará con la tentación y distracción que nos volverá esclavas de nuevo.

Reflexión: ¿Sucumbiste al vino? ¿Al chocolate? ¿A los bocadillos? ¿A las compras en línea/internet? ¿Por qué? ¿De qué te estás distrayendo? ¿Cómo puedes buscar el equilibrio con los placeres materiales/comestibles para poder ser social y festivo, pero sin apegarte a ellos hasta el punto de que se conviertan en "escapes", cuando la verdadera solución es la oración? ¿Tus reflexiones de *Magnificaré 90* pueden ayudarte a formar una regla de vida personal, o a formarla mejor si ya tienes una?

DÍA 79: Sta. Gianna Molla, santa, esposa, madre, doctora; una genio femenina, es sin duda la santa moderna más equilibrada.

> *Pietro Molla escribiendo sobre la virtud heroica de su esposa Gianna; como parte del proceso de la beatificación el le escribió "a ella" en lugar de usar la tercera persona*: Tú supiste aceptar y apreciar los regalos del Señor, los regalos de vida sin abusar nunca de ellos, sin dejarte vencer nunca. Tus intenciones y acciones fueron completamente consistentes con tu humildad, con tu sobriedad. Tú me diste el ejemplo que la vida y la naturaleza, la música y el teatro, las montañas y los viajes, el amor y la familia se pueden disfrutar con templanza. Para ti, los límites de la templanza estaban claros: los límites de la ley y de la gracia de Dios. Sabías como ser disciplinada; preferías servir a que te sirvan. Pero, en tu templanza, en tu equilibrio, en tu pureza interior supiste encontrar espacio para una alegría plena y perfecta, para un mensaje de serenidad, de alegría para todos a los que te acercabas. (Pietro Molla. *Santa Gianna Molla: Esposa, Madre, Doctora* (2004) Ignatius Press)
>
> "Siempre me dijeron que el secreto de la felicidad está en vivir un momento a la vez y en agradecer al Señor por todo lo que nos envía." –Sta. Gianna
>
> Pues todo lo que Dios ha creado es bueno, y ningún alimento está prohibido, siempre que lo tomemos dando gracias a Dios. Bendecimos con la palabra de Dios y rezamos: con esto, los alimentos ya son santos. –1 Timoteo 4:4-5

Sta. Gianna supo cómo disfrutar la creación que Dios nos dio mientras que mantenía Su voluntad en primer plano de su vida. No estaba atada de manera dañina a las alegrías y bendiciones de esta vida. El alma de Sta. Gianna, confiada en el amor a Dios, se manifestaba en la forma en que era ella; todos a su alrededor veían alegría y belleza irradiando de su alma ya que se movía de su paz interior a su vida activa. Intentó practicar docilidad a la voluntad del Señor en todo y eventualmente fue la virtud de la confianza en la Providencia que la llevó a su declaración heroica, "si tienes que decidir entre yo y el bebé, no lo dudes, salva al niño—insisto en eso. Salva al bebé. "Su canonización fue por algo más que la declaración pro-vida cuando tuvo complicaciones en su embarazo—su vida entera fue una de virtud y amor. Su canonización se erige como testigo contra la secularización y el "feminismo" equivocado de los 1960s.

Bautizada como Giovanna Francesca en 1922, Sta. Gianna nació en una familia grande y dos de sus hermanos se convirtieron en sacerdotes, con uno en el proceso de beatificación—Servidor de Dios Enrico Beretta. Ella quería acompañarlo como misionera, pero se le aconsejó en contra basándose en la salud. Sta. Gianna discernió su vocación al matrimonio y estudió medicina como carrera porque sabía que podía emparejarse bien con la vida familiar ya que podría escoger su horario y traer el amor de Cristo a otras personas a las que servía. Después de 6 años de varios encuentros de paso al trabajo, Pietro y Gianna tuvieron un noviazgo de 10 meses; y después se casaron a los 43 y 32. Tuvieron 4 hijos juntos. Los embarazos nunca fueron fáciles para Gianna; el cuarto terminó en cesárea y con complicaciones que la llevaron a su muerte.

Los sacramentos frecuentes y la confianza en la Providencia Divina fueron claves para su espiritualidad. Ella encontraba a Dios en los demás y especialmente en la naturaleza. Trabajó con Acción Católica, un grupo al cual ella animaba a las jóvenes a seguir una vida vivida para Cristo. Su vida estaba llena de más mortificaciones involuntarias que voluntarias— ¿pero, acaso no son esas las que nos hacen santas? Las cosas que no podemos cambiar, porque no las escogimos y no tenemos control sobre ellas. Situaciones como enfermedades, la pérdida de un ser querido, malentendidos con los demás, la separación de conyugues por razones de viajes de trabajo, inseguridad sobre el futuro—todas éstas fueron ofrendas que Gianna puso a los pies de Jesús.

Reflexiona cómo encaja tu idea de templanza con la descripción que hace Pietro de Gianna. ¿Tu vida entera es vista como una oración? ¿Qué conexiones ves personalmente entre una vida balanceada, la docilidad y la alegría? Por otro lado, ¿cómo la rigidez y el perfeccionismo humano socavaron la santidad?

DÍA 80: Como reflexionamos la semana pasada, nuestra confianza en la providencia de Dios nos ayuda a utilizar la prudencia. Nosotras podemos discernir qué comunidad a nuestro alrededor necesitamos ayudar para mantener una vida balanceada.

> Sean sobrios y estén despiertos, porque su enemigo, el diablo, ronda como león rugiente, buscando a quien devorar. Resístanle firmes en la fe, sabiendo que nuestros hermanos dispersos por todo el mundo enfrentan semejantes persecuciones. El Dios que es pura bondad los ha llamado a compartir con Cristo su eterna gloria, y después de que sufran un poco los hará perfectos, firmes y fuertes hasta que estén seguros. –1 Pedro 5: 8-10
>
> "Debemos actuar, debemos entrar en todos los campos de acción social, familiar y político. Y trabajar, porque todas las fuerzas diabólicas oscuras y amenazadoras están unidas. Es necesario que las fuerzas del bien estén todas unidas y formen una especie de dique, una barrera como para decir: 'No hay paso por aquí.'" –Sta. Gianna

Crecer en la virtud de la moderación nos ayuda a luchar contra la tentación de ceder completamente a nuestros vicios sensuales en los momentos de debilidad o presión social. La palabra tentación viene del Latín *temptare* que significa «manejar, poner a prueba, intentar». La tentación nos dice, «trata esto, te hará feliz» o «tú puedes manejarlo por ti misma, eres lo suficientemente fuerte para evitar que sea pecaminoso» o «intenta esto, llenará ese anhelo». La tentación para los humanos empezó con Satanás diciéndole a Eva todas esas cosas.... y aquí estamos hoy, aun batallando con el mismo demonio. En estos días también suena como, «Como ya pecaste hoy, cede en ______de todos modos, ya fallaste». «No puedes confiar en nadie, mejor llena la soledad con cosas». Un pecado no quiere decir que necesitamos pecar otra vez. Para buscar la libertad de la esclavitud al pecado, llevar una vida de moderación nos ayuda a poner en el orden correcto las cosas tangibles y las actividades. El equilibrio es necesario para una vida activa.

El diablo nos tienta en nuestro deseo del cumplimiento, felicidad, o aprobación. Satanás está allí para "devorar" un alma como un león. No es prudente ni nos ayuda estar constantemente rodeadas de gente que nos atraen a las ataduras mundanas. Necesitamos una comunidad que nos haga responsables, nos inspiren a ser mejor y nos ayuden a crecer en santidad necesaria para esta vida en la tierra. Así, buscamos convivir con otros cristianos, sabiendo que están luchando la misma batalla. También llamamos a los ángeles para su ayuda. Los ayudantes de Dios nos sostendrán mientras vamos por el mundo magnificándolo y resistiendo al pecado ya que mientras la comunidad que nos da fuerza es necesaria, no podemos permanecer allí para siempre. Estamos llamadas a salir—a ser personas con mentalidad misionera.

Es importante notar, que sólo porque podemos "moderar" nuestro consumo de las cosas creadas no significa que nuestra intención es siempre pura. Nuestra motivación para tomar solo un trago probablemente se convierte en pecado cuando afirmamos que lo "necesitamos" para calmar nuestros nervios y sentirnos relajadas. Querer sentarnos a revisar las redes sociales antes de acostarnos sale mal cuando las usamos para satisfacer nuestro deseo de intimidad, sin embargo, nos distanciamos de nuestros esposos. La tentación diaria de complacer nuestro gusto por dulces nos deja la puerta abierta a más antojos que impiden nuestra salud y estabilidad mental. Quizás con la intención de ser "buena" mamá, ponemos las actividades extraescolares y deportivas de nuestros hijos por encima de nuestro compromiso a las actividades de crecimiento espiritual... ¿y que les muestra a ellos ese testimonio? Tal vez escuchamos un poco de habladurías y pensamos que no está tan mal que nos enteremos un poco antes de dejar la conversación cuando *realmente se ponga muy fea*.

Una aclaración de que el vino, los medios sociales, postres, deportes y el distraerse con amigas ¡no son pecados! Debemos usar la templanza para ayudarnos a detectar las motivaciones detrás de ellas y de otras cosas. La vida después de *Magnificaré 90* es encontrar el balance y las intenciones correctas para las cosas del mundo. Si oramos sinceramente antes de ir a trabajar y jugar, entonces nuestra templanza es capaz de ayudarnos a tener el equilibrio correcto en la vida.

Reflexión: ¿Estás a la guardia contra los ataques espirituales? ¿Cuáles son tus debilidades? ¿Acaso la tentación siempre ocurre a una hora determinada del día, semana o mes? ¿Estar alrededor de ciertas personas te llevan a más tentaciones? ¿Cómo vives en el mundo, disfrutándolo, pero protegiendo tu corazón del pecado? ¿Cuánto deseamos ser santas? ¿Lo suficiente como para tratar de evitar hasta el pecado venial?

DÍA 81: Magnificar al Señor significa que nosotras estamos reflejando Su luz a todo el mundo y no la podemos mantener escondida. Se nos ha concedido una gran gracia al despojarnos de las cosas mundanas, pero sabemos que solas no podemos sostener una vida santa.

> Nadie enciende una lámpara para esconderla o taparla con algo, sino que la pone en el candelero, para que los que entren vean la claridad. La lámpara de tu cuerpo es tu ojo. Si tu ojo es claro, todo tu cuerpo aprovecha la luz. Pero si es malo, tu cuerpo está también en tinieblas. Cuida, pues, que la luz que hay en ti no se vuelva oscuridad. Si todo tu cuerpo se abre a la luz y no queda en él algo oscuro, todo en ti será plena luz, como cuando la lámpara te ilumina." -Lucas 11: 33-36
>
> "Señor, que esta luz que has encendido en mi alma no se apague nunca." -St. Gianna
>
> "Nuestro cuerpo es un cenáculo, una custodia: a través de su cristal el mundo debe ver a Dios." -St. Gianna
>
> CIC 1810: Las virtudes humanas adquiridas mediante la educación, mediante actos deliberados, y una perseverancia, mantenida siempre en el esfuerzo, son purificadas y elevadas por la gracia divina. Con la ayuda de Dios, forjan el carácter y dan soltura en la práctica del bien. El hombre virtuoso es feliz al practicarlas.

La Sagrada Escritura nos dice que cuando estamos llenas de luz, llenas de virtud, no debemos tratar de esconderla. Debemos perseverar en la misión que Dios tiene para nosotras—acercándonos cada vez más a Él y trayendo a los demás a ese camino. Evangelizamos a través de nuestra vida; a través de las actividades en las que participamos y en las cosas de las que hablamos. No permitimos que la cultura nos cambie; vivimos cambiando la cultura alrededor nuestro.

Hemos pasado estos pocos meses aprendiendo, creciendo y practicando el tipo de vida que las mujeres santas están llamadas a llevar—vidas que no están atadas a los vicios. Hemos tomado decisiones intencionales para volver a intentarlo y a través de la misericordia nos hemos levantado de nuevo cuando hemos caído. Las gracias que hemos recibido a lo mejor nunca se nos van a revelar personalmente, pero podemos darlo por seguro que Dios ha extendido Su ayuda Divina, para seguir adelante transformadas. Nunca debemos dar la espalda a las lecciones que hemos aprendido desde el primer día; ¡solamente porque *Magnificaré 90* se está terminando, no significa que dejemos de crecer en la virtud de magnificar al Señor!

Es prudente formular un plan para manejar las tentaciones que pueden apagar la luz de Cristo en nosotras. No queremos terminar *Magnificaré 90* listas a volver a poner sobre la mesa todas las opciones de recreación y comodidad. Es probable que nos excedamos y tengamos una especie de "fase de recuperación". Debemos estar preparadas con ese conocimiento. Para mantener nuestra alegría y paz, tenemos que elegir diariamente la virtud sobre el vicio—eligiendo complacernos sólo en cosas que nos recuerden la belleza de Dios a través de todos nuestros sentidos. Como indica Sta. Gianna, nuestros propios cuerpos y almas han sido creados para revelar una porción de la gloria de Dios, de manera que todo lo que asimilamos debe magnificarlo.

Reflexión: ¿Has pensado en las formas en las que has crecido durante *Magnificaré 90*? ¿Con que cosas sigues aun luchando? ¿Alguna vez te has retraído o tratado de esconder tu amor a Dios? ¿Cómo luchas para evitar que la llama se apague? ¿Hay alguien en tu vida con quien te has dado por vencida a compartir el Evangelio? ¿Puedes mantener la luz expuesta para ellos? ¿Hay alguien en tu vida que necesita el testimonio de una vida moderada, tranquila?

DÍA 82: Podemos estar tentadas a regresar al tipo de vida que teníamos antes de *Magnificaré 90*, pero esforzándonos por mantener nuestra alma totalmente conectada a Dios mantendrá nuestra vida en equilibrio.

> "Jesús nos diría: ¿Qué es una persona? Una persona no es sólo cuerpo. En ese cuerpo hay pensamiento, hay voluntad, es capaz de enfrentar sufrimiento, lo cual no puede pasar de otra manera. En ese cuerpo hay un espíritu y como tal, es inmortal. Hay un abismo entre el cuerpo y el alma; son dos entidades muy diferentes, pero están unidas. ¿Qué te diría Jesús? Que debes cuidar de ese cuerpo. Dios ha insertado lo divino en lo humano de tal modo que todo lo que hacemos adquiere mayor valor." –Sta. Gianna (Pietro Molla. *Santa Gianna Molla: Esposa, Madre, Doctora* (2004) Ignavias Press)
>
> "...El mundo busca la alegría, pero no la encuentra porque está lejos de Dios. Nosotros, llenos de la alegría que viene de Jesús, llevamos la alegría en nuestro corazón con Jesús. El será la fuerza que nos ayude." –Sta. Gianna
>
> No les han tocado pruebas superiores a las fuerzas humanas y Dios no les puede fallar. Él no permitirá que sean tentados mas allá de sus fuerzas; más bien, les dará al mismo tiempo que la tentación, los medios para resistir. –1 Corintios 10: 13

Reconocer la unidad de nuestro cuerpo y alma nos da una visión que eleva nuestras acciones a un nivel más allá del apetito secular por el control. Todo lo que *hacemos* es para Su Gloria en el mundo. Nuestras virtudes comienzan en la disposición de nuestra alma, pero afectan nuestra vida activa—la que ven los demás. La vida activa se desarrolla a través del cuerpo, en el mundo, y debe ser equilibrada porque sabemos que el mundo no es nuestro destino final. Nuestras almas, sin embargo, no necesitan estar "equilibradas": Deben ser enteramente reverentes, completamente puras y totalmente dóciles hacia Dios. Un alma plenamente viva en Dios lo buscará en todo lo que el cuerpo hace. ¿Queremos ser santas? *No* hay lugar para equilibrio en nuestras almas y cuanto más dirigimos nuestra alma a Dios, practicaremos mejor la moderación en el mundo. ¿Trabajando en el jardín? Asegúrate de que trae gloria a Dios. ¿Te vas de vacaciones? Asegúrate de que trae gloria a Dios. ¿Vas al gimnasio? Asegúrate de que trae gloria a Dios. ¿Invitas a amigas a cenar? ¿Mandas un mensaje? ¿Lideras una excursión de la clase? ¿Escribes un libro? ¿Escuchas música? ¿Atascada en la oficina? ¿Difundiendo el Evangelio? ¿Jugando un deporte o juego? ¿Yendo de compras o a una fiesta? Da gloria a Dios, no a ti misma ni a otro ser humano. Encuentra la manera de siempre darle gloria a Él.

Debemos comer, pero no convertirlo en un dios. Debemos dormir, pero no convertirlo en un dios. Debemos trabajar, pero no convertirlo en un dios. Debemos recrearnos y jugar, pero no convertirlos en un dios. Debemos ser libres, pero no debe convertirse en un ídolo que afecte a nuestro orgullo si buscamos la pecaminosa "libertad de Dios". Manteniendo a Dios siempre al frente de nuestras mentes, podemos evitar el pecado más fácilmente, permanecer alegres y brillar Su luz en el mundo.

Nuestra vida interior es donde se revela la fuerza de Dios, incluso cuando nuestra vida activa parece imposible. Sin duda, alguna de nosotras estamos luchando con enfermedades, estamos exhaustas por la llegada de un nuevo hijo, o esforzándonos por cuidar de nuestros seres queridos. Quizás batallamos con la ansiedad y enfermedades mentales. Todas estas cosas pueden dar gloria a Dios cuando confiamos en Su fuerza y en Su bondad y perseveramos en nuestra vida Cristiana. (Lee CIC 1532 y los pasajes circundantes sobre la Unción de los Enfermos para saber más sobre esto). Superar la tentación de desesperarnos porque la vida parece dura requiere un *alma* que *no* esté equilibrada; debemos confiar *plenamente* en Dios, tener esperanza *plenamente* en Él y amarlo *plenamente*.

Reflexión: ¿Qué parte de tu alma aún sigues tratando de esconder de Dios—que parte de tu vida tratas de llenarla con bienes mundanos? ¿Cómo refleja tu vida activa equilibrada el estado de tu alma tal y como debería ser, completamente comprometida a Dios?

DÍA 83: Sta. Teresa de Lisieux escribió, «Cuanto más se acerca uno a Dios, más sencillo se vuelve.» Debemos arrancar de raíz nuestros pecados furtivos que podemos pasar por alto diciendo que somos "suficientemente buenas".

> ¿De dónde vienen esas guerras y los conflictos entre ustedes? ¿Quién hace la guerra sino los malos deseos que tienen dentro? Cuando se les niega lo que codician, ustedes matan. Cuando no consiguen lo que codician, ustedes discuten y pelean. En realidad ustedes no tienen porque no piden. Y si piden algo, no lo consiguen porque piden con la mala intención de derrocharlo después en sus placeres. ¡Adúteros! ¿No saben que la amistad con este mundo significa la enemistad con Dios? Por tanto, el que pretende ser amigo del mundo, se hace enemigo de Dios.
> –Santiago 4: 1-4

> CIC 1811: Para el hombre herido por el pecado no es fácil guardar el equilibrio moral. El don de la salvación por Cristo nos otorga la gracia necesaria para perseverar en la búsqueda de las virtudes. Cada cual debe pedir siempre esta gracia de luz y de fortaleza, recurrir a los sacramentos, cooperar con el Espíritu Santo, seguir sus invitaciones a amar el bien y guardarse del mal.

> "La vida Cristiana no la consiguen las personas que hacen poco, sino aquellas que se comprometen por completo." –Sta. Gianna

Podemos ver el dolor y la soledad que provocan gran parte de la desesperación en el mundo. Hay tanta falta de moderación. Las personas consumen *todo* en exceso con la esperanza de sentirse satisfechos, pero lo único que sienten es un vacío. Buscan en los sitios equivocados; las cosas se convierten en ídolos, en lugar de buscar cosas que dirijan sus almas hacia una eternidad con Dios. Encontramos la excelencia en nuestra vida espiritual cuando encontramos el sentido correcto de vivir en el mundo, pero no ser un amante de él. A medida que nos volvemos más simples en nuestras vidas, despojadas de las cosas y acciones mundanas, podemos ver más claramente la necesidad de una relación completamente comprometida con Dios. Cuando reconocemos nuestro orgullo y tendencias egoístas al rezar la Letanía de Humildad, todavía nos arde. Eso es bueno ya que quiere decir que lo estamos tomando en serio.

Nuestra sencillez puede ayudar a revelar nuestros pecados sofisticados que se deslizan fácilmente debajo el radar. No solemos cometer pecados mortales seguidos como adulterio, robar, o faltar intencionalmente a misa. Son los pequeños pecados de ser no caritativas en circunstancias desagradables, o ser indiferentes con la persona que no nos cae bien, o decirle a Dios "aun no...en un ratito." o querer que nuestras opiniones a la conversación sean las primeras y las más ruidosas, o evitar un conflicto saludable porque requiere de esfuerzo para mantenerse calmada y virtuosa en el ardor de la conversación. La virtud de la moderación es a veces reconocer las cosas que deberíamos haber hecho pero que no hicimos cuando estábamos haciendo las cosas que no debíamos hacer.

Trabajar en la templanza revela donde necesitamos moderar las ataduras a la comida, bebida, intimidad y entretenimiento. Recemos para que lo que quede al final de estos 90 días nos revele las maneras en las que todavía no estamos totalmente comprometidas a ser como Santas, ¡para así pedirle a Dios por la gracia de la luz y la fuerza para perseverar en virtud!

Reflexión: ¿Cómo se relaciona la moderación con la magnanimidad/ grandeza? ¿Has considerado alguna vez cuál es el mínimo compromiso que puedes tener? ¿Ha visto la misa como una obligación y no como un regalo? ¿En qué áreas de tu vida necesitas parar de preguntarte "qué es lo mínimo?" y en vez preguntarte, ¿Qué es lo que da más gloria a Dios a través de mi forma de vivir?"

DÍA 84: Dios nos ha dado la gracia a través de Jesucristo y el Espíritu Santo; es nuestra decisión estar abiertos a dar "nuevos frutos" y elegir la vida cada día.

> "Señor, mantén tu gracia en mi corazón. Vive en mí para que así Tu gracia sea la mía. Haz que pueda brindar todos los días algunas flores y nuevos frutos." –St. Gianna
>
> Todo lo contrario, mi palabra ha llegado bien cerca de ti; ya está en tu boca y en tu corazón, para que la pongas en práctica. Mira que te he ofrecido en este día el bien y la vida, por una parte, y por la otra, el mal y la muerte. Yo te mando que ames a Yahvé, tu Dios, y sigas sus caminos. Observa sus mandamientos, sus normas y sus leyes, y vivirás y te multiplicarás, y Yavé te dará su bendición en la tierra que vas a poseer. Pero si tu corazón se desvía y no escuchas, sino que te dejas arrastrar y te postras ante otros dioses para servirlos, yo declaro hoy que perecerás sin remedio. No durarás largo tiempo en el país que vas a ocupar al otro lado del Jordán. Que los cielos y la tierra escuchen y recuerden lo que acabo de decir; te puse delante la vida o la muerte, la bendición o la maldición. Escoge, pues, la vida para que vivas tú y tu descendencia. –Deuteronomio 30: 14-19

Sólo porque hemos aceptado la gracia, la misericordia y el perdón de Dios no nos quita nuestra concupiscencia. ¿Nos atrevemos a pensar que Dios ya terminó con nosotras? Debemos despertar cada día y escoger vivir amando al Señor con todo nuestro corazón y nuestra alma. Renovamos nuestra fidelidad a Dios cada día como el centro de nuestra vida. Esto es posible con la Palabra de Dios, Jesucristo, en la Eucaristía a través del regalo del Espíritu Santo guiando la Iglesia. Ya sea que vamos a misa diariamente o no, podemos mantener una cita diaria con el Señor en oración y unir nuestra vida diaria al sacrificio de la misa a través de la Oración de la Mañana.

Hemos sido bendecidas con la única, verdadera, y apostólica Iglesia. ¿Por qué vamos a misa? ¿Por qué tenemos los sacramentos?

Para dar a Dios gloria y alabanza y honor. El sacrificio de la misa no tiene que ver con nosotras; se trata de lo que le debemos a Dios por Su misericordia, que en realidad no somos capaces de pagar en nuestra naturaleza caída. Por eso ofrecemos humildemente a Dios *Mismo* como Él nos enseñó en la última cena. Nuestra participación en la misa es una ofrenda de humildad y amor—y es una afirmación a la ofrenda de Cristo. Independientemente de lo que nos "llevemos" de la homilía o "saquemos" de la música, nos transformamos al recibir a Dios en nuestro propio ser. Nuestra apertura a la gracia nos transforma de adentro hacia afuera.

Recibir la gracia necesaria para la vida diaria. ¿Vivimos en gratitud por el acceso a la Eucaristía y a la confesión? ¿Vamos con frecuencia hacia la verdadera presencia del Señor? Sta. Gianna hizo de la misa diaria una prioridad, incluso cuando estaba de vacaciones porque sabía que le daba la fuerza necesaria para vivir una vida equilibrada en el mundo. Sabía que la ayudaba a ser una mujer de virtud; a dar fruto. Mantenemos mejor el equilibrio en nuestra vida diaria consumiendo nuestro verdadero Pan de Cada Día. No debemos recibir a Nuestro Señor y luego seguir con nuestra vida como *si no* acabáramos de experimentar un milagro. ¡Cada experiencia en la Misa debe ser tratada como un anticipo a la Vida Eterna al recordar que el coro de ángeles y la comunión de los Santos están presente allí alabando a Dios!

Reflexión: ¿Te puedes preparar mejor para la Misa y la Comunión? ¿Cómo moldeas tu vida entera alrededor de la Fuente y Cumbre de tu fe? ¿Alguna vez has considerado tu vida fuera de la misa como preparación para la siguiente misa, y la misa como preparación para tu vida más allá de ella?

Perseverancia y el Camino de la Cruz (vía crucis)

DÍA 85: Nuestro crecimiento en la virtud y la eliminación de los apegos mundanos nos han preparado para caminar con Cristo cuando somos llamadas a tomar nuestra cruz y seguirlo. Somos testigos eficaces del Evangelio cuando exaltamos a Dios con alegría durante nuestras dificultades. En estos días finales de *Magnificaré 90*, reflexiona en el Vía Crucis con el genio femenino de María Magdalena.

> Cada cristiano revive la experiencia de María Magdalena. Involucra un encuentro que cambia nuestras vidas: el encuentro con un Hombre único que nos permite experimentar toda la bondad y la verdad de Dios, Quien nos libera del mal no de una forma superficial y fugaz, sino que nos libera radicalmente, nos sana por completo y nos devuelve la dignidad. Por ello es que María Magdalena llama a Jesús "mi esperanza": Fue Él quien le permitió renacer, quien le dio un nuevo futuro, una vida de bondad y libertad del mal. "Cristo mi esperanza" significa que todos mis anhelos de bondad encuentran en Él una posibilidad real de cumplimiento: con Él puedo tener esperanza en una vida buena, completa y eterna, ya que el mismo Dios se ha acercado a nosotros, incluso compartiendo nuestra humanidad. – Papa Benedicto XVI (Pascua 2012)

> «Mi querida hija, para sostenerte, te doy a María Magdalena como madre; puedes dirigirte a ella con toda seguridad, la encargo de manera especial.» –Nuestro Señor a Sta. Catalina de Siena (Ramón de Capua. *La vida de Sta. Catalina* (1860) PF Cunningham)

El sufrimiento redentor es una opción; podemos usarlo para magnificar al Señor. El sufrimiento viene del Latín que significa "llevar debajo" o "cargar", es decir, *soportar*. Cuando soportamos una carga, nos unimos al trabajo redentor de Cristo. Jesús verdaderamente vino al encuentro con los hombres y los atrajo hacia el Padre. Visualmente, imagínense una mano que se extiende hacia abajo y otra que se extiende hacia arriba. Tendamos siempre la mano hacia arriba y abierta, sin encerrarnos nunca en nosotras mismas.

Cuando nos quedamos intencionalmente cerca a Dios a pesar del dolor persistente, de la vergüenza, de la soledad, o enfermedades; reconocemos que Dios no nos da una cruz para herirnos. Las dificultades se cruzan en nuestro camino porque Él nos ama tanto que nos dio libertad de elección. Jesús sufrió por nosotros para reconciliarnos con el Padre; así también nosotras estamos llamadas a aceptar el sufrimiento para imitar a Cristo.

Meditando en la agonía en el huerto, recordamos qué tan importantes son la Adoración y la acción de gracias después de la Comunión para sostener nuestra vida de fe. No podemos dejar que estas dos fuentes de gracia instituidas por Cristo en Jueves Santo se conviertan en una obligación más cumplida al terminar la semana. *¿No nos podemos quedar orando con Él?* No hay que apresurarnos después de la comunión o salir rápidamente después de la misa.

A María Magdalena se le dio el título de Profetisa del Amor Eucarístico y Apóstol de los Apóstoles. Ella nos enseña lo que es pecar, ser perdonada y después permanecer cerca de la Fuente de Misericordia. Ella veneró a Cristo a Sus pies, caminó cerca de Él a lo largo del Vía Crucis, lo amó a los pies de la cruz y fue a Su sepulcro tan pronto terminó el Sabbat para adorarlo allí también. Su espiritualidad de nunca dejar a Jesús también debe ser la nuestra. Cuando tengamos que ausentarnos físicamente de Su Presencia, lo podemos llevar muy profundamente en nuestra alma y prominentemente en nuestra mente.

Reflexión: ¿Cuándo puedes permanecer un poco más en la casa del Señor? ¿Acaso hay algún lugar más significativo para estar que en Su presencia? Reflexiona en las formas en que te has convertido en el centro de tu propio universo y decídete a mantener a Dios en el centro de todo lo que haces, no como otro planeta girando a tu alrededor.

DÍA 86: Necesitamos la misericordia de Dios para tener Vida Eterna y aunque su misericordia es gratuita—no podemos estar tan llenos de otras cosas que no quede espacio libre en nuestra alma para llenarla. El orgullo y la envidia serán nuestra perdición si no practicamos la virtud mientras seguimos el camino de la cruz de Cristo.

> Cuando el gobernador volvió a preguntarles: ¿Cuál de los dos quieren que les deje libre?, ellos contestaron: A Barrabás. Pilato les dijo: ¿Y qué hago con Jesús, llamado el Cristo? Todos contestaron: ¡Que sea crucificado! Pilato insistió: ¿Qué maldad ha hecho? Pero los gritos del pueblo fueron cada vez más fuertes: ¡Que sea crucificado! Al darse cuenta Pilato que no conseguía nada, sino que más bien aumentaba el alboroto, pidió agua y se lavó las manos delante del pueblo, diciendo: Yo no me hago responsable de la sangre que se va a derramar. Es cosa de ustedes. –Mateo 27: 21-24

> "Yo imito más que nada la conducta de Magdalena, su asombrosa o más bien su amorosa audacia que encanta al Corazón de Jesús y también atrae al mío. Sí, lo siento; a pesar de tener en mi conciencia todos los pecados que se pueden cometer, yo iría, con mi corazón destrozado por el dolor y me arrojaría a los brazos de Jesús, porque sé cuánto ama Él al hijo pródigo que vuelve a Él." –Sta. Teresa de Lisieux (Sta. Teresa de Lisieux. *La historia de un Alma: Edición de Estudio*, traductor Marc Foley OCD, (2005) ICS Publicaciones)

Las "Estaciones de la Cruz" empiezan frecuentemente con Jesús siendo condenado a muerte. Hay una ironía en cómo la justicia y misericordia se entrelazan con el camino de la cruz. Vemos que Jesús fue condenado a morir por un desprecio a la justicia—Pilatos no quiso hacerle frente a la reacción por el hecho de que no podía encontrar ninguna culpa en Jesús, así que no salvó a Jesús a pesar de tener la oportunidad. En cambio, nosotras estamos condenadas a morir por nuestros pecados a causa de la justicia, pero somos salvadas gracias a una misericordia más profunda. No *merecemos* tener vida eterna, pero la ofrenda de la inocencia de Cristo convertido en "culpable" es lo que nos da la esperanza de pasar la eternidad con Dios. Debemos ser cambiadas por el símbolo visible del amor de Dios: la cruz. No podemos ignorar ni Su sacrificio ni Su misericordia.

A continuación en el camino, llegamos al punto donde Jesús toma Su Cruz. Estamos llamadas a imitarlo en la manera que tomamos nuestras cruces y no huimos de ellas. En el mundo moderno, podemos hacer muchas cosas para esconder el sufrimiento, pero debemos estar serias, alertas y presentes. Debemos perseverar a través de las dificultades—sí, usamos la prudencia respecto a la salud y seguridad—pero las enfrentamos con valentía y abiertas a las formas en que Cristo quiere refinar nuestras almas. Como María Magdalena, seguimos a Cristo a lo largo del camino de la cruz porque sabemos cuánto nos ama, cuánto nos perdona —y qué respuesta merece de nosotras. Hemos reflexionado con frecuencia sobre el sufrimiento involuntario y también sobre el ascetismo para que por estas cruces caminemos con Jesús. Sabemos que, sin soportar virtuosamente las pruebas de esta vida, no podemos tener mucha esperanza para nuestra salvación. Unimos nuestros sufrimientos a Su sacrificio como una ofrenda de misericordia co-redentora. La perseverancia es una virtud necesaria para caminar el camino de la cruz.

Reflexión: En la meditación sobre la primera estación, justo antes de convertirse en Papa Benedicto XVI, el Cardenal Joseph Ratzinger escribió: «La voz silenciosa de la conciencia es ahogada por los gritos de la multitud. El mal extrae su poder de la indecisión y la preocupación por lo que los demás piensan.» ¿Qué tan indecisa eres referente a tu forma de tomar una posición contra la injusticia, específicamente hacia Dios? ¿Reprimes tu conciencia por algún medio de modo que el pecado se cuela en tu vida con frecuencia? ¿Estás apegada a *no* agitar las aguas? ¿Puedes trabajar para cambiar esto?

DÍA 87: La Sagrada Tradición nos cuenta que Jesús cayó tres veces a lo largo del camino hacia Gólgota. Cuánto pesan sobre Él nuestros pecados.

> Sin embargo, eran nuestras dolencias las que él llevaba, eran nuestros dolores los que le pesaban y nosotros lo creíamos azotado por Dios, castigado y humillado. Fue tratado como culpable a causa de nuestras rebeldías y aplastado por nuestros pecados. El soportó el castigo que nos trae la paz y por sus llagas hemos sido sanados. Todos andábamos como ovejas errantes, cada cual seguía su propio camino, y Yavé descargó sobre él la culpa de todos nosotros.
> –Isaías 53: 4-6

> La historia de María Magdalena nos recuerda a todos una verdad fundamental: un discípulo de Cristo es aquel quien, en la experiencia de la debilidad humana, ha tenido la humildad de pedir Su ayuda, ha sido sanado por Él y se ha puesto a seguirlo muy de cerca, convirtiéndose en testigo del poder de Su amor misericordioso que es más fuerte que el pecado y la muerte. –Papa Benedicto XVI (23 de Julio, 2006)

Que tan frecuente tratamos de huir de las cosas que nos pueden hacer santas. Por puro orgullo pensamos que sabemos más. Tratamos de enfrentar las dificultades de la vida solas y terminamos cayendo bajo el peso de nuestro pecado. Las distracciones debilitan nuestra determinación y el miedo a perder el control obstaculiza nuestros pasos.

Jesús sabe cómo se siente el peso del pecado, no por el suyo, por supuesto, sino por cargar con los nuestros. Él no quiere que batallemos solas bajo la cruz—Él quiere hacer que nuestra carga se sienta más ligera compartiéndola con nosotras. Nos pide que busquemos misericordia. Pedimos ayuda, así como María Magdalena lo hizo en el evangelio.

Viéndolo cargar la cruz, María Magdalena estaba consciente de sus pecados pasados, ¿pero aún sentía el peso de ellos mientras veía caer al Señor? ¿Por qué no salió corriendo como los otros apóstoles? Quizás fue porque ella conocía la voz del Buen Pastor. Quizás porque ya no tenía nada de arrogancia en su alma. ¿Acaso fue especialmente porque la madre de Cristo estaba allí, inspirando su amor continuo en Jesús?

María Magdalena ciertamente acompañó a la Madre Bendita muchas veces antes, como mujer entre los seguidores de Cristo. Ella aprendió de Su madre la virtud, el amor y la contemplación. Ambas recorrieron el camino de la cruz, horrorizadas, pero siempre fieles y siempre amorosas. Tenemos mucho que aprender del testimonio de María Magdalena permaneciendo aún más cerca de María, quien nos acerca íntimamente al amor de Jesús.

Hoy reflexiona en Lamentaciones 3. Nos recuerda que ciertamente enfrentaremos cosas que parecen muy difíciles de aguantar, pero el amor inquebrantable de Dios es para siempre. ¿Por qué mantienes viva la esperanza en la cruz? ¿Tú vives como testigo de que el amor es más fuerte que la muerte?

DÍA 88: Hay dos estaciones separadas a lo largo del camino a la cruz que se pueden meditar juntas: Jesús encontrándose con María su madre y Jesús encontrándose con las mujeres que lloraban. Sta. Teresa dijo, «Debemos olvidarnos de nosotros mismos y hacer a un lado nuestros gustos e ideas y guiar almas no por nuestro propio camino, sino por la senda que señala Nuestro Señor ».

> Como Madre de la Misericordia, ella se inclina sobre sus hijos que aún enfrentan peligros y agotamiento, para ver sus sufrimientos, escuchar el llanto que brota de sus aflicciones, traerles consuelo y renovar su esperanza de paz. –Papa San Juan Pablo II (2003)

> Jesús, volviéndose hacia ellas, les dijo: "Hijas de Jerusalén, no lloren por mí. Lloren más bien por ustedes mismas y por sus hijos. Porque va a llegar el día en que se dirá: Felices las madres sin hijos, felices las mujeres que no dieron a luz ni amamantaron. Entonces se dirá: ¡Ojalá los cerros caigan sobre nosotros! ¡Ojalá que las lomas nos ocultaran! Porque si así tratan al árbol verde, ¿Qué harán con el seco?" –Lucas 23: 28-31

Aunque no hay un pasaje en la escritura que dice que Jesús se encontró con Su madre a lo largo del camino de la cruz, la Tradición Sagrada nos dice que sí lo hizo. Por el profundo amor que Jesús tiene a Su Madre María, podemos creer que Él la habría consolado. Para María, el camino de la cruz culmina con la declaración de Cristo como su Madre para todos nosotros. Su corazón atravesado se une al costado atravesado de Jesús en el amor ágape como un tierno regalo a la humanidad. Ella nos enseña a llevar nuestras heridas a Sus llagas, donde Su sangre nos redime y encontramos la esperanza para la salvación.

La Madre María es el ejemplo perfecto para todos nosotros, pero quizás nos resulta difícil imitarla. Podemos usar la excusa de que ella no parece accesible porque es inmaculada. Este es el diablo que nos tienta, porque él sabe ¡qué tan poderosa es ella! Cuando nos resulta muy difícil modelar nuestra vida según María nuestra Madre, vayamos a ella a través de María Magdalena. Ella no era perfecta, así que muy fácilmente nos podemos ver en ella—pecadora convertida en apóstol. Y *ella* no se apartó del lado de la Madre María, incluso cuando el camino se puso difícil, así que tampoco lo hagamos nosotras. Estas dos mujeres nos enseñan lo que Dios realmente quiere en el camino de la cruz; cercanía y fidelidad—esforzándonos por alcanzar el amor perfecto en nuestras relaciones.

Cuando Jesús les dice a las mujeres de Jerusalén que no lloren por él, sino por ellas mismas y sus generaciones futuras, era una instrucción para que tomemos nuestros pecados seriamente. Las mujeres representan a la Iglesia en su conjunto y Jesús demostró que no todos van al cielo. Más de 2000 años desde Cristo, podemos asumir que la madera ya está seca. ¿Cómo estamos viviendo? ¿Por qué lloramos? ¿Lloramos por las ofensas contra la dignidad humana, contra la belleza del matrimonio y el sacerdocio, contra la adoración irreverente o ausente de Dios?

Reflexión: ¿Cómo ha afectado el rezo del rosario a tu perseverancia en el camino de la cruz? ¿Cómo buscas consuelo en Jesús? ¿Cuándo te ha consolado Él de una manera que no esperabas? ¿Buscas el encuentro diario con Cristo?

DÍA 89: Podemos meditar sobre Simón cargando la cruz junto con Verónica limpiándole la cara a Jesús porque ambos (hombres o mujeres) nos enseñan maneras de consolar a Jesús con la misma dignidad.

> Cuando lo llevaban, tomaron a un tal Simón de Cirene que volvía del campo, y le cargaron la cruz de Jesús para que la llevara detrás de él. –Lucas 23: 26
>
> De hecho, el Malvado siempre busca echar a perder el trabajo de Dios, sembrando división en el corazón humano, entre el cuerpo y alma, entre las personas y Dios, en lo interpersonal, en las relaciones sociales e internacionales, al igual que entre los seres humanos y la creación. El Malvado enseña discordia; Dios crea paz. [...] Seguramente la bondad y la misericordia me seguirán todos los días de mi vida; y permaneceré siempre en la casa del Señor" (Salmo 23:6) Queridos amigos, estas palabras nos aceleran el corazón porque expresan nuestro deseo más profundo, nos dicen para qué estamos hechos: ¡para la vida, vida eterna! Estas son las palabras de aquellos quienes, como María Magdalena, experimentaron a Dios en sus vidas y conocen Su paz. –Papa Benedicto XVI (22 de Julio, 2012)

Ante la libertad de pecar, nos debemos preguntar, ¿«Cómo me convierto en santa—cuál es la voluntad **de Dios** para mí»? Éste es el camino a la santidad. Usamos nuestra libertad para servir a los demás, no a nosotras mismas, porque es en esta misma naturaleza de corazón servicial con la que nosotras mismas *podemos salvarnos*. Este es el testimonio de Cristo y el ejemplo de Simón y Verónica. Estas dos estaciones de la cruz nos muestran que Dios quiere que los hombres y las mujeres trabajen en unión, no en competencia ni en resentimiento, para la gloria de Dios. Hombres y mujeres son llamados a imitar el amor sacrificado de Cristo, a través de una naturaleza complementaria. Verónica cuidó de Jesús en Su soledad y en su cuerpo adolorido y exhausto a lo largo del camino. Simón cargó con el peso de la condena injusta de Cristo al aceptar una cruz que no era la suya.

¿Por qué la Tradición Sagrada conservó la meditación de la estación de Verónica limpiando la cara de Cristo? Este hermoso testamento de la vocación de las mujeres como consoladoras de Cristo sirve para recordarnos que llevamos la imagen de Cristo— ¡lo magnificamos ante el mundo! El genio receptivo de la mujer da fundamento a nuestra espiritualidad. Revelamos el anhelo humano de recibir a Dios. Así como Verónica apoyó a Cristo a lo largo del camino de la cruz, nosotras también somos llamadas a ayudar a fortalecer las virtudes de los demás con nuestro propio genio femenino.

Simón cargando la cruz es como la paternidad, ya sea espiritual o física. Jesús muestra el camino y entonces los hombres lo siguen; en el matrimonio, el sacerdocio, o la vida célibe consagrada. Los hombres deben ser líderes espirituales si la naturaleza ha de ser como Dios quiso. ¿Nosotras las mujeres apoyamos a los hombres en el llamado *de Dios* o peleamos porque debería ser también el nuestro? Ninguno de nosotros, hombres o mujeres, somos dueños de nosotros mismos—dejamos atrás *nuestros* deseos para elegir libremente la voluntad de Dios.

Como mujeres buscando magnificar al Señor, debemos ser conductos de luz y vida. Nuestra dignidad se intensifica al preservar la dignidad de todas las personas. Cuán frecuente vemos hoy en día, ya sea por envidia u orgullo, a mujeres tratando de mantener *todas las opciones* a su alcance, ahogando a menudo la dignidad de los hombres. Nuestro camino a la santificación nunca pisoteará a los demás, sean mujeres u hombres.

Reflexión: ¿Cómo ves a María, a María Magdalena, a Verónica y a todas las santas de genio femenino con las que hemos meditado durante nuestros 90 días de Magnificar al Señor como ejemplos de la dignidad de la mujer en la Iglesia? ¿Qué significa para ti ser fundamento de espiritualidad? ¿Cuál es tu entendimiento bajo la perspectiva católica de "igualdad en dignidad"? Si no estás segura, lee más sobre el tema bajo esta perspectiva; estar instruida en este tema es necesario para fomentar el genio de las mujeres en general.

DÍA 90: Jesús es despojado de sus vestiduras, clavado en la cruz y muere. Lo ponen en brazos de Su madre. Su fe no es pasiva y la nuestra tampoco puede serlo. Nuestro fiat, como el de María, siempre implicará contemplación y acción. Al meditar en el camino de la cruz, vemos formas de servir al Cuerpo de Cristo.

> "En verdad les digo, si el grano de trigo no cae en tierra y muere, queda solo; pero si muere, da mucho fruto. El que ama su vida, la perderá; y el que aborrece su vida en este mundo, la conserva para la vida eterna. El que quiere servirme, que me siga; y donde yo esté, allí también estará mi servidor. Si alguien me sirve, mi Padre lo honrará. [...], y cuando Yo haya sido levantado de la tierra, atraeré a todos a mí." –Juan 12:24-26, 32

> "¡Si tienes el coraje de imitar a María Magdalena en sus pecados, ten el coraje de imitarla en su penitencia!" –San Padre Pío

En el despojo de Sus vestiduras, la naturaleza de la humanidad de Cristo se expresa en humillación, dolor y sufrimiento. Como el "Nuevo Adán," Cristo fue expuesto a pesar de estar libre de pecado—mientras que Adán se ocultó tras su pecado. En nuestro caminar a lo largo de la cruz, nosotras también estamos llamadas a despojarnos de nuestros encubrimientos. Buscamos purificarnos de dentro hacia fuera despojándonos de nuestras ataduras o apegos.

Después, mientras Jesús es clavado en la cruz, Él y el Padre son uno. Su obra de salvación es un mensaje para nosotras—*Te amo. Sufro por ti.* Dios no creó al mundo y después lo dejó solo, dando vueltas —sin involucrarse ni preocuparse. La misma presencia de Jesús sobre la Tierra es prueba de que fuimos creadas para estar con Él. Él desea una relación con nosotras. Él nos dio la Iglesia y el Espíritu Santo nos guía incluso ahora. No nos quedamos divagando o preguntándonos.

María Magdalena sabía que el amor es un requisito para ir al cielo, y siempre buscó la manera de estar cerca a Cristo para así tener la *oportunidad* de amarlo. Su 'penitencia,' a la que se refirió el Padre Pío, por los pecados de su pasado fue permanecer al pie de la cruz, adorando Su figura magullada, cubierto con la Preciosa Sangre que salva. Siguiendo este ejemplo, buscamos habitar en *la sangre y el agua* que brotan de Su costado, al acercarnos a la gracia y misericordia sacramentales que se nos ofrece en la Iglesia.

Al morir en la cruz, Jesús nos mostró una misericordia infinita. Somos incapaces de demostrarle misericordia a Dios porque somos imperfectas, no podemos dar amor perfecto. Pero paradójicamente no podemos ir al Cielo sin el amor perfecto. Este es el misterio de la redención y de la salvación. La muerte y resurrección de Cristo nos dio la redención, pagó el precio. La salvación viene de nuestra respuesta a ese acto amoroso.

Cuando Cristo fue puesto en los brazos de su madre, vemos la unidad entre el cuerpo sacrificado de Cristo y el Cuerpo, la Iglesia, sostenida por nuestra Santísima Madre. Teniendo esta imagen en nuestra mente, vemos nuestra esperanza en el cielo. Por eso queremos magnificar al Señor. Amar a Cristo en los demás porque es imposible amarlo lo suficiente.

Reflexión: La fuerza gravitacional del mundo ayudó a la muerte de Cristo en la cruz. Se combinó con el dolor de la crucifixión para literalmente asfixiarlo. ¿Alguna vez te asfixia el mundo? ¿Dónde recuperas tu aliento? ¿Cuándo te sientes más cerca a Cristo? ¿Cómo has intentado amar a Dios en el pasado? ¿Cómo lo puedes amar más profundamente al pie de la cruz?

DÍA 91: Hemos pasado largo tiempo en el desierto, podemos estar agotadas, resecas y vacías. Aquí es donde Dios nos llama a levantarnos a una nueva vida, transformadas. Siguiendo hacia adelante, tenemos los hábitos y el conocimiento de los santos, de las sagradas escrituras y de las virtudes para seguir creciendo y convertirnos en las mujeres santas que Dios quiere de nosotras.

> Ustedes sabrán que Yo soy Yavé, cuando abra sus tumbas, pueblo mío, y los haga salir. Infundiré mi Espíritu en ustedes y volverán a vivir, y los estableceré sobre su tierra, y ustedes entonces sabrán que Yo, Yavé, digo y pongo por obra. –Ezequiel 37: 13-14
>
> Cuando llego a un corazón humano en la Santa Comunión, "Él dijo, "Tengo las manos llenas de toda clase de gracias y deseo dárselas al alma, pero las almas ni siquiera Me prestan atención; Me dejan solo y se ocupan de otras cosas. [...] Me tratan como una cosa muerta" – (Nº. 1385, *Diario de Santa María Faustina Kowalska* (1987) Padres Marianos)
>
> La antigua Secuencia litúrgica nombra a María Magdalena porque se le concedió no sólo el descubrir la tumba vacía sino también anunciar el evento a los Apóstoles. Pedro y Juan corrieron a la tumba y encontraron que lo que las mujeres estaban diciendo era verdad. / ¡Regocíjate, María de Magdala! ¡Regocíjense, Pedro y Juan! ¡Regocíjense Apóstoles, todos y cada uno! Regocíjate, Iglesia, porque la tumba está vacía. ¡Cristo ha resucitado! Donde lo habían colocado, sólo quedan las ropas de lino y el sudario en que lo habían envuelto el Viernes Santo. Proclama con nosotros y con toda la humanidad: "¡Surrexit Christus spes mea - Surrexit Christus spes nostra!" – Papa San Juan Pablo II (Pascua 1997)

La última estación de la cruz; Jesús es puesto en la tumba. Entre los reunidos en su entierro sólo había un Apóstol, pero incluía a muchas mujeres y laicos. Esto nos muestra amor a través del genio femenino y el deseo de Cristo de santificar al mundo entero. Asistentes a Cristo en sus momentos más débiles, las mujeres son cruciales para el ministerio del Cuerpo de Cristo, especialmente donde Cristo sufre en los pobres, los marginados y los enfermos. Mientras otros luchan bajo el peso de su cruz, las mujeres están especialmente llamadas a iluminar el camino hacia el amor de Cristo.

Cuando el Sabbath terminó, María Magdalena corrió a la tumba. Al no ver a Jesús por ningún lado, tuvo miedo porque no sabía dónde estaba Él. El miedo, cuando es saludable, indica que nos preocupamos por algo. Al no ver a Jesús por ninguna parte, tuvo miedo porque no sabía dónde estaba. Ella no tenía el conocimiento como lo tenemos ahora, no fue hasta cuando Él la salud y la envió a su misión, que ella supo que no había motivo para temer. ¡Jesucristo ha resucitado como lo dijo! Ella corre a magnificar al Señor a los demás como apóstol de los apóstoles.

Nunca debemos caer en la desesperación, siempre y cuando sepamos que Jesucristo no está muerto— ¡Él está vivo! Tenemos la Verdadera Presencia de Jesús en la Comunión como fuente y cumbre de nuestra fe. Debemos ser testigos en nuestras parroquias para nunca tratarlo de la manera que Él describe a Sta. Faustina. El camino de la cruz nos enseña qué hacer con nuestro crecimiento en devoción y en virtud. Morimos a nosotras mismas y salimos de la tumba del miedo, que en cierto modo, es la base de todas las ataduras pecaminosas. ¡Corremos al mundo y proclamamos la Buena Nueva!

Reflexión: Considera cómo era tu vida cuando empezaste *Magnificaré 90*. ¿Cómo ha cambiado? ¿Cuáles son tus intenciones de ahora en adelante? ¿Conservarás algunas mortificaciones o devociones en forma regular? ¿Cómo manejarás con alegría las mortificaciones involuntarias? ¿Cómo estás llamada a magnificar al Señor específicamente en la esfera de influencia alrededor tuyo?

LETANIA DE LA HUMILDAD

(Devoción privada únicamente, Imprimátur: † James A McNulty, Obispo de Paterson, N.J.)

Su Eminencia el Cardenal Rafael Merry del Val acostumbraba a rezar esta letanía diariamente, después de celebrar la Santa Misa.

¡Oh Jesús! Manso y humilde de Corazón, escúchame.

(Después de cada frase decir: Líbrame Jesús)
Del deseo de ser adulado,
Del deseo de ser alabado,
Del deseo de ser honrado,
Del deseo de ser aplaudido,
Del deseo de ser preferido a otros,
Del deseo de ser consultado,
Del deseo de ser aceptado,
Del temor a ser humillado,
Del temor a ser despreciado,
Del temor a ser reprendido,
Del temor a ser calumniado,
Del temor a ser olvidado,
Del temor a ser ridiculizado,
Del temor a ser juzgado con malicia,

(Antes de cada frase decir: Concédeme Señor el deseo de...)
Que otros sean más amados que yo,
Que otros sean más estimados que yo,
Que otros crezcan en la opinión del mundo y yo me eclipse,
Que otros sean alabados y de mí no se haga caso,
Que otros sean empleados en cargos y a mí se me juzgue inútil
Que otros sean preferidos a mí en todo,
Que los demás sean más santos que yo, siempre y cuando yo me santifique como debo hacerlo,

Oración:
Oh Jesús que, siendo Dios, te humillaste hasta la muerte, y muerte de cruz, para ser ejemplo perenne que confunda nuestro orgullo y amor propio. Concédenos la gracia de aprender y practicar tu ejemplo, para que humillándonos como corresponde a nuestra miseria aquí en la tierra, podamos ser ensalzados hasta gozar eternamente de ti en el cielo. Amén.

Made in the USA
Monee, IL
21 April 2025